立宗27年目の未来型宗教を分析する

宗教学から観た「幸福の科学」学入門

INTRODUCTION TO HAPPY SCIENCE STUDIES: A RELIGIOUS STUDIES APPROACH

RYUHO OKAWA
大川隆法

まえがき

「幸福の科学大学」を二〇一五年に開学するにあたって、大学関係者が文部科学省の担当官から、「何か『幸福の科学』学のようなものが必要ですね。」と指摘《してき》されたと仄聞《そくぶん》した。

確かに週刊誌や月刊雑誌の宗教特集で時たま紹介されることはあるが、宗教学者が「『幸福の科学』学」をまとめ切ったという話は、ついぞ聞いたことはない。私の本は、多い年には、内外併《あわ》せて二百冊以上出される年もあり、現時点で千四百点以上あることが確認されている。まるで蓮《はす》の花が池一面に広がっていくように増殖していく教えに、宗教学者もジャーナリストもへたに手を出すと、間違いを指摘される怖《おそ》れがある。現に、宗教学論文に「病気治しはしない」と書かれた後、祈願によって難病が続々と治癒《ちゆ》し始めたり、「霊言《れいげん》はしなくなった」と書かれた後、霊言が復活したりと、現在進行形の新宗教は実に解明が難しい。「日本神道色が薄い」とも指摘されたが、近年では濃くなっている。本書では、教祖自らが、真正面から答えた次第である。

二〇一三年　十月二十二日

幸福《こうふく》の科学《かがく》グループ創始者兼総裁《そうししゃけんそうさい》

幸福《こうふく》の科学大学創立者《かがくだいがくそうりつしゃ》　大川隆法《おおかわりゅうほう》

宗教学から観た「幸福の科学」学・入門　目次

宗教学から観《み》た「幸福の科学」学・入門

——立宗《りっしゅう》27年目の未来型宗教を分析《ぶんせき》する——

二〇一三年十月九日　収録
東京都・幸福の科学総合本部にて

4 各宗教を「教祖」から分析する　41

5　七〇年代、八〇年代に発祥《はっしょう》した新宗教の分析　

宗教学から観《み》た「幸福の科学」学・入門

――立宗《りっしゅう》27年目の未来型宗教を分析《ぶんせき》する――

二〇一三年十月九日　収録

東京都・幸福の科学総合本部にて

1　総裁自ら「幸福の科学」を分析《ぶんせき》する

幸福の科学大学を設立するに当たり、その設立趣旨《しゅし》として、「どのような学問体系を立てようとしているのか」ということを明らかにしなければいけないと考えています。

先日、当方の代表者が文部科学省の方と会ったとき、「そろそろ、『幸福の科学』学のようなものがないといけないころですね」ということを言われたように聞いていますけれども、それをつくるのは、なかなか難しいことであると思われます。

現時点（二〇一三年十月）で、私の著書の発刊点数は千四百冊に達しているため、もし、弟子《でし》に対し、「今日、『宗教学から観《み》た「幸福の科学」学・入門』という題で話をせよ」と言った場合、その千四百冊分を速読してまとめなければいけなくなって、おそらく、大変なことになるでしょう。

また、弟子にとっては、総裁が書いたものを読み、「ここは要《い》らない」などと言って捨てていくのは、なかなか厳しい作業であり、「あちらもこちらも必要だ」と、どんどん増えていって、結局、「幸福の科学」学のテキストとしては、電話帳のように分厚いものが出来上がる可能性が極《きわ》めて濃厚《のうこう》です。

そういうわけで、千四百冊の本を読み返すことなく、できるだけ簡潔に、「幸福の科学」学を述べるとするならば、やはり、総裁自らが述べる以外にないでしょう。

それにしても、幸福の科学の活動は多岐《たき》にわたっていますので、全容についての入門書を一冊で仕上げるのは少々厳しいかもしれませんし、また、当会の周辺的な活動まで裾野《すその》を広げての分析《ぶんせき》は困難であるかと思います。

ただ、原点に戻《もど》れば、当会は宗教法人としてスタートしていますので、今回は、「宗教学的観点から見て、幸福の科学という宗教は、どのように分析されるべきなのか」というようなことを、できるだけ客観的に捉《とら》えてみたいと考えています。

「教えを説いている本人が分析する」というのは、まことに〝無責任〟極まりない手法かとは思いますが、「どこの大学の宗教学者でも、今、幸福の科学を分析することはできまい」というのが、私の率直《そっちょく》な感想です。研究には膨大《ぼうだい》な時間をかけなければいけませんし、「研究しているうちに、さらに資料が増えてくる」という戦いが続くと思われますので、宗教学者は、ほぼ全員、〝ギブアップ〟している状態ではないかと推定しています。

やはり、何か論点を絞《しぼ》らなければ、当会の研究はできないでしょう。すでに、幸福の科学の「政治思想」だけをまとめようとしても、そう簡単ではなくなってきつつあるはずです。

そこで、今回は、宗教学者として、「立宗《りっしゅう》二十七年目、説法《せっぽう》数二千百回以上、発刊点数千四百冊という時点で、幸福の科学という宗教を再構成し、簡単に『幸福の科学』学としてまとめるとしたら、どうなるか」というトライアル（試み）をします。

もちろん、テーマ別に、「各論」を個別に展開していくことは、まだまだいくらでも可能ですが、「総論」のところは、そう簡単ではないのではないでしょうか。

教えを説いている本人としては、若干《じゃっかん》、〝無責任〟であるとは思いますが、「幸福の科学大学で教鞭《きょうべん》を執《と》る者に、基礎《きそ》教学として、『幸福の科学』学を教えるとするなら、どうなるか」という、宗教学の分析的な立場で、幸福の科学を捉《とら》え直してみたいと思います。

教えを説いている教祖自らが、価値判断を下《くだ》し、「ここはよい」「ここはよくない」「ここは改善の余地がある」などと言い出すのは、まことに滑稽《こっけい》であろうとは思いますが、そこは、〝心を鬼《おに》にする〟必要があるでしょう。

教授陣《じん》には、いろいろな勉強をしていただいて結構ですが、彼らが学生を指導するに当たっての基本的な教学の「根本《こんぽん》の部分」を教えなければならないと考えている次第《しだい》です。

2 「幸福の科学」の名に込《こ》められた趣旨《しゅし》

宗教学者の立場に立って「幸福の科学」を分析《ぶんせき》する

それでは、宗教学者の立場に立って、立宗《りっしゅう》二十七年目の「幸福の科学」の分《ぶん》析《せき》に入っていきます。

とにかく、本の数が多いため、基本的には、「それぞれの本の要点をまとめて並べれば、それで終わり」ということにはならないでしょうし、ある意味で、立宗当初に掲《かか》げたテーマだけで全部をまとめようとしても、無理な部分があるでしょう。当会は、非常に発展していく宗教であって、現在も、各方面に教えが伸《の》びているからです。

その意味で、当会は、宗教学者の研究する対象としては、もはや、分析が困難なレベルまで来ていて、そのことが、現実問題として、大学設立の力にまでなってきているのではないでしょうか。

そういう意味では、教えが多くなればなるほど、専門学部が多角化していく余地もあるのではないかと考えます。

宗教の基本的な要素――教祖・教義・儀式《ぎしき》・建物・教団の活動

さて、当会は宗教法人が出発点でありますので、まず、「宗教法人としての幸福の科学」の分析に入ります。

宗教法人としての基本的な要素には、「教祖」「教義」「儀式《ぎしき》」があり、さらに、「さまざまな境内地《けいだいち》・建物」「教団の活動方式・方針」があって、普通《ふつう》は、それらの分析に入ることになるでしょう。

そういうかたちで、他の宗教と幸福の科学とを比べることになるわけですが、現実に、他の宗教の分析と幸福の科学の分析を行うと、「かかる労力に差がありすぎる」という問題が出てくるだろうと思います。

というのも、宗教というのは、伝道して教えを広げようとすると、鎌倉《かまくら》仏教のように、できるだけ簡単な教えのほうにもっていこうとする傾向《けいこう》が強くなるからです。

仏教で言えば、「南無阿弥陀仏《なむあみだぶつ》」や「南無妙法蓮華経《なむみょうほうれんげきょう》」に統一していく、あるいは、キリスト教で言えば、「とにかく、キリストを信ずるだけで救われる」という教えに最後はもっていかないと、まとめられなくなってくるのです。

つまり、教祖がオリジナルの教えを説いてから歴史がたち、いろいろな教学が積み重なったり、途中《とちゅう》で、中興《ちゅうこう》の祖《そ》など、さまざまな人が出て、教学を広めていったりしたために、ときどき、「簡単に言って広げるにはどうするか」ということで、それを〝スリム化〟する運動が繰《く》り返し起きているわけです。

幸福の科学の教えを見ても、初期のころの講演等を分析すると、「ただ一つの教えをとれと言えば、愛の教えをとれ」というような教えもあります（一九八九年ウィークデーセミナー「愛と人間」）。

しかし、この教団においては、「その講演の指導霊《しどうれい》が、そういう考えを持っている」という場合もありえるわけで、額面《がくめん》どおりに受け取ってはいけないところもあります。「ほかの教えを全部捨ててよいのか」と言えば、そのようなことは、おそらくないでしょう。

キリスト教的な色彩《しきさい》を持った講演会をしたときには、そういう教えを説くこともあるでしょうし、また、発展・繁栄《はんえい》系の教えを説くときには、もっと違《ちが》った意味での、力強い積極思考のようなものを展開する場合もあるのです。

幸福の科学は「教義がどんどん増えていくタイプ」の宗教

それでは、幸福の科学を見る物差しとして、いったい、何を、どう使うべきでしょうか。「宗教学者としての七つ道具風に、何らかの道具を使って分析していくとしたら、いったい、何から見るべきか」ということです。

私の考えから行くと、やはり、幸福の科学には、他の宗教と極端《きょくたん》に違う部分があると思います。

それは、先ほどから述べていることと同じになりますが、「幸福の科学は、教義の外縁《がいえん》というか、〝外回り〟がどんどん広がっていくスタイルの宗教であり、それに伴《ともな》って、活動もまた広がっていくかたちの宗教である」ということです。

すなわち、「シンプル（単純）な教えを力強くグイグイと押《お》し広げていくタイプの宗教ではない」ということが挙げられます。

このことは、翻《ひるがえ》って考えてみると、教えがどんどん増えていくなかにおいて、その信者たち、あるいは、僧職《そうしょく》にある者たちに、おびただしい時間の学習努力を要請《ようせい》することにもつながっています。

そして、それだけの時間をかけて学習を積み重ねていく結果、伝道をする際に、今度は、「いったい何を伝えるべきか」ということで、多様な迷いが生じやすくなるでしょう。「どの部分を伝えたら、『幸福の科学の教えを伝えた』と言えるのか」ということで、彼らは困っているのだろうと思います。

「幸福の科学」という名前を分析する

ただ、「物事はすべて、表題を見れば、基本的な趣旨《しゅし》が分かる」という考えから行けば、当会が、「幸福の科学」という、宗教としては珍《めずら》しい宗教名を掲《かか》げたことから、分析に入っていけばよいと思うのです。

私は、一般《いっぱん》の宗教のように、「〇〇教」とも「〇〇宗」とも付けず、「幸福の科学」という名前を付けました。仏教の一派であるかのような言い方をすることもありますが、仏教の一派と称《しょう》するには、「幸福の科学」という題名はあまりにも整合性が薄《うす》いと考えます。

この「幸福の科学」という名前の意味は、「幸福を科学する」ということです。つまり、「幸福なるものを、個人において、社会において、国家において、あるいは、地球規模において、科学する団体である」という言い方になるでしょうか。

この「科学する」という言い方は、「いわゆる研究的態度をもって、明らかにしていく」ということの別義であると考えられます。すなわち、「生きている人間を幸福にしていくさまざまな方法について研究していく団体である」ということなのです。

幸福を科学する団体として「自己啓発《けいはつ》」「社会啓蒙《けいもう》」の面を持つ

その意味で、幸福の科学は、「自己啓発《けいはつ》」を伴うと同時に、自己啓発にとどまらず、「社会啓蒙《けいもう》団体」としての性格を備えていると考えてよいでしょう。

しかも、「幸福を科学する」という、その「科学」のなかに、いろいろなものが学問領域として入ってこようとしています。

学問には、法学、政治学、経済学、経営学、文学、教育学、あるいは、医学、薬学、工学、農学など、いろいろな領域がありますが、ある意味では、それらは、すべて、人間がこの世に生まれて大人になり、一生を終えるに当たって、各人の人生ができるだけ有意義なものとなるようにつくられていった学問の体系であるのです。

その意味で、幸福の科学は、個人から見れば、「自己啓発」という面を持っているると同時に、外側から見るかぎり、「社会啓蒙」の面、すなわち、宗教的な用語を使うとするならば、宗教本来の立場である「全世界の一切《いっさい》の衆生《しゅじょう》救済」「全人類救済」という面を、立宗以来、一度も外《はず》してはいません。

その言葉どおり、「全人類救済」に向けて、具体的な活動をどんどんと積み重ね、広げていっています。

それが、実は、数多くの教えが積み重ねられている理由でもありますし、教えにダイバーシティ（多様性）が出てきている理由でもありますし、活動が、宗教法人にとどまらず、教育事業や政治活動、ＮＰＯ団体、メディア関連等にも広がっていったり、海外にも広げたりと、数多くの活動が展開している理由でもあるのです。

結局、幸福の科学の運動を究極的に分析してみると、「この宗教に触《ふ》れた人間として、個人の自己啓発、つまり、伝統的な言葉で言えば、『悟《さと》り』というものを求めていくと同時に、悟った人間を主体として、全世界の一切の衆生救済、『地上仏国土《ぶっこくど》・ユートピアの建設』を目指す運動である」と捉《とら》えてよいでしょう。

これが、全体から見た「幸福の科学」の立宗の趣旨、ないし、活動の趣旨になります。

3　現在進行形で新しい教えが説かれている

「世界宗教」を強く意識している幸福の科学

次に、幸福の科学の、宗教としての特徴《とくちょう》を分析《ぶんせき》していかなければならないと思います。

さまざまな「世界宗教」があり、日本にもまた、たくさんの宗教がありますが、いったい、どの宗教に似ていて、どの宗教に似ていないのか、見方はいろいろとあるでしょう。

例えば、仏教に似ている面も一部あったと思います。「悟《さと》りを求める」と言えば、仏教に似てきます。しかし、「愛の教え」を強く押《お》すと、キリスト教にも似てきます。それから、「信仰《しんこう》」ということも、押し方によって、見え方はいろいろと違《ちが》ってきます。

私は、「信仰の強さ」という意味では、仏教、キリスト教、イスラム教、それぞれに、違った重さがあるような気がします。今、挙《あ》げた順に、疑問の余地なく神を信じなければいけない程度が強くなってくると思われます。仏教よりキリスト教、キリスト教よりイスラム教のほうが、「個人」というものが弱くなり、「神の力」が強くなっていく傾向《けいこう》があるのではないでしょうか。

この信仰の問題については、私たちの教団が活動を長く続け、自信をつけるにつれ、要請《ようせい》されてくるものも大きくなってくるのではないかと考えています。

現に、立宗《りっしゅう》二十七年目の幸福の科学を見るかぎり、「世界宗教」というものをそうとう意識していることが分かるでしょう。仏教やキリスト教、イスラム教等、世界的な宗教になったものとの比較《ひかく》を常に念頭に置いているように見えます。

日本神道《しんとう》とは「共通点」があるが、「決定的な違《ちが》い」もある

また、当初、日本神道《しんとう》色は非常に薄《うす》いものと考えられていましたが、近年、日本神道色もかなり濃《こ》くなってきました。これは、日本の国に対して責任を持とうとする態度の表れでもあるでしょうし、おそらく、政治運動とも関連性があるのではないかと思われます。

「『外国の宗教であって、日本の宗教ではない』ということであっては、やはり、発祥《はっしょう》の地である日本における義務、ないし、使命が果たせない」ということもあり、ここ数年、日本神道の教えの系譜《けいふ》も、幸福の科学の流れのなかに収めようとする傾向が顕著《けんちょ》に現れてきています。

これと同時に、もう一つ、宗教学者的な疑問として、「もともと、政治色としては、けっこう右寄りで、軍国主義的な側面があるのではないか」という分析も、一部には出ており、当会で日本神道色が強まるにつれて、「あるいは、戦前の国家神道的なものを目指しているのではないか。それを、新しいかたちでカムフラージュして、やっているのではないか」という見方もあると思います。

ただ、そうしたものとの「決定的な違《ちが》い」が存在するのです。

確かに、「国家全体に使命を感じている」というところは同じかもしれませんし、当会は、「日本の神々がいて、神々の子孫としての皇室が存在する」という日本の伝統的な文化を理解し、受け入れてはいるのですが、日本神道においては、神社本庁そのものが認めているように、教祖もなければ、教義もないのです。

「神道には、儀式《ぎしき》はあるが、基本的に教祖も教義もない。誰《だれ》がいつ始めたかも分からない。どういう教えを説いたかも分からない。自然的に出来上がってきた宗教である」というように言われています。

それゆえ、明治期には、国家神道を国教化していく流れのなかで、「神道は、宗教ではあるけれども、宗教であって宗教ではない」という考え方が出てきました。「一種の習俗《しゅうぞく》であり、文化的伝統なのだ」というかたちに捉《とら》えられ、「憲法では、信教の自由が認められているが、国家神道は、信教の自由を認められた宗教の範疇《はんちゅう》を超《こ》えたものだ。外側のものだ」というような捉え方があったかと思うのです。

それは、ちょうど、神社へお参りするときに、参道に建っている鳥居《とりい》をくぐるようなものでしょうか。要するに、「国家神道というのは、あの大鳥居のようなものだ。そこを、いろいろな宗教の信者がくぐっても構わない。あるいは、無宗教の者がくぐっても構わない。そうした鳥居的な、大きな屋根のようなものが、国家神道である」という考えだったわけです。

しかし、そのわりに、神道には求心力がありません。それはなぜでしょうか。「日本の守護神《しゅごしん》」たる神々も、実は、古代に「人間」として地上に降りたことがあるのですが、幾つかの文献《ぶんけん》が遺《のこ》っているだけで、よく分かりません。

したがって、「神道には教祖も教義もない」と言われますが、神々にもさまざまな〝意見〟があったのではないでしょうか。その一部の意見に基《もと》づいて、明治期以降、昭和期に向かって、日本の右翼《うよく》化、軍国主義化が起きたのだと思います。

今、宗教界で「特別な位置」に就《つ》きつつある幸福の科学

その後、第二次大戦の敗戦とＧＨＱの占領《せんりょう》を通して、国家神道の解体的なことや政教分離《ぶんり》が行われ、戦後、「神々のラッシュアワー」と言われるように、さまざまな新興宗教ができることになりました。新宗教も含《ふく》めての宗教法人の数は、十八万を超えていると言われています。

　ただ、大多数は休眠《きゅうみん》しているか、活動が非常に緩慢《かんまん》で、お寺や神社を維持《いじ》しているだけぐらいのものが多く、国全体を覆《おお》うような宗教となると、数はかなり少なくなります。

　その意味で、「十八万以上の宗教団体がある」と言われても、今、日本人に、知っている宗教を尋《たず》ねたときに、宗教法人の数を百個挙げられる人はほとんどいないはずです。十個挙げるのも、なかなか大変ではないでしょうか。

　このように、古代に始まった宗教、中世の鎌倉《かまくら》期以降に始まった宗教、江戸《えど》末期に始まった新宗教、明治期以降に始まった新宗教、それから、戦後に始まった新宗教など、たくさんのものが、時間差を置いて発生してきているわけですが、「それらすべてを統合して観《み》るなかにおいて、今、幸福の科学という宗教が、一種の特別な位置に就《つ》こうとしつつある」ということは、客観的に分析されるところであろうと思います。

現在ただいまの問題に答えられる「時事性に富んだ宗教」

では、どのような意味において、特別な位置にあり、いわゆるアウトスタンディングである（傑出《けっしゅつ》している）のでしょうか。まず、先ほど述べた日本神道には、神社本庁が認めるとおり、「基本教義」もなければ「教祖」もないのに対して、幸福の科学に関しては、もちろん、「教祖が現在に生きていて、現在進行形で法を説いている」ということがあります。「誰が説いているか」ということが明確に分かっていて、古代の神道のようなことはありません。

さらに、「教義、教えというものが、明確なかたちで、現代性をもって説かれている」ということがあります。

たいていの宗教は、「二千年前や二千五百年前の、そもそもの教祖の教え等を何度か修繕《しゅうぜん》しつつ、現代に引き継《つ》いでいる」というような状況《じょうきょう》のものが多く、現代的課題に答えられないでいます。

そのなかにおいて、幸福の科学は、現代に発生した宗教として、普遍《ふへん》性を持った「人間を幸福にする哲学《てつがく》ないし科学」を探究すると同時に、現在ただいまに起きている、いわゆるジャーナリスティックな問題に対しても、正邪《せいじゃ》をもって取り組んでいます。あるいは、「善悪を判別する」という大胆《だいたん》な判断力をもって立ち向かっています。そういうところに、非常に大きな特徴があると思います。

逆に言えば、旧《ふる》い宗教にあっては、「現代ただいまの課題について答えることができない」ということが問題であると言えます。現在、古代にはなかったものがたくさんあるため、旧い宗教は、そういうものについて、なかなか答えることができません。

しかし、この幸福の科学という宗教においては、教祖が現存しており、また、いろいろな問題について、新しい教えが説かれているため、ある意味で、非常にニュース性のある、時事性に富んだ、現在進行形の宗教であると言えます。

「ジャーナリスティックな面」だけでなく、「教養宗教の面」も持つ

また、「ジャーナリスティックな面もある」という見方もある一方で、別の面から見れば、「教養宗教」としての面も色濃く持っています。

すなわち、情報が増えるばかりの現代社会において、幸福の科学は、善悪を峻別《しゅんべつ》し、「遺《のこ》すべき考え方は何であるか」という〝普遍性の篩《ふるい》〟にかけていると言えるのです。

当会は、過ぎゆく現象界の諸活動において、「普遍的なるものとは、いったい何であるのか」ということを常に探究する姿勢を持っています。

いわゆるジャーナリズムの一角《いっかく》のようにも見えつつも、この意味において、ジャーナリズムとは一線を画《かく》していることは明らかです。

ジャーナリズムは、今日《きょう》ただいま起きたことや、今週起きたこと、今月のテーマになっていること等を追い求めればよく、翌月《よくげつ》は、違ったことを言い、違ったテーマを追いかけて構わないのですが、当会は、そうしたジャーナリスティックなものを扱《あつか》いつつも、そのなかにある「普遍なるものの影《かげ》」を必ず追い求めています。

これが、いかに現代的なものに斬《き》り込《こ》もうとも、「宗教としての自覚を持っている」と認められる部分であろうと考えます。

4　各宗教を「教祖」から分析《ぶんせき》する

これまでに概要《がいよう》部分を述べてきましたが、宗教を考えるに当たっては、さらに幾《いく》つかの要素を分析《ぶんせき》していく必要があるでしょう。

まずは、「教祖がどういう人物であるか」という分析をしなければなりません。

これを教祖自身が述べるのは何とも難しいことではありますが、大学関係者が汗水《あせみず》垂らして考えなければいけなくなる時間を省《はぶ》くために、あえて、客観性をもって、他人事《ひとごと》のように分析し、彼らが〝電話帳〟をつくる労力を省きたいと思います。「他大学の宗教学部の教授が分析している」と思って、聞いてくださって結構です。

教祖の「霊能力《れいのうりょく》の有無《うむ》」で宗教を分類する

・「霊能者」から始まる宗教の場合

さて、「教祖としての大川隆法」を分析するに当たり、その特徴《とくちょう》を挙げるならば、明らかに、「霊能者《れいのうしゃ》」という分類になるでしょう。

宗教家には、大別して、「霊能者」と「霊能者ではない宗教家」の二種類がいます。

霊能者の場合、たいていは、霊能力を基礎《きそ》として信者が集まり、その人を信じる一定の集団ができてきます。

例えば、「病気治しができる」「物当てができる」「あの世の死んだ人と話ができる」といった霊能者は、日本中に数多くいますが、そういうところは、たいてい百人から三百人ぐらいの小さなものです。

つまり自宅でできる範囲内《はんいない》の宗教が多いことを意味します。

これはこれでニーズがあり、「大病院」に比し、街にある「診療所《しんりょうじょ》」のような、便利な役割を果たしているわけです。そういう意味での「小さな宗教」が全国に点在していますし、宗教になる以前の段階での、いわゆる「霊能者」、もしくは「超能力者《ちょうのうりょくしゃ》」として、さまざまな問題解決や人生相談に当たっている方もたくさんいます。

そして、その修行《しゅぎょう》を積むために修験者《しゅげんじゃ》となったり、あるいは、滝行《たきぎょう》をしたり、山歩きをしたりして、さまざまな行《ぎょう》を積み、そういう特殊《とくしゅ》な能力を身につけるという考え方を持っている人もいるでしょう。

これが、いわゆる「霊能型宗教」になっていくものでありますが、そこから宗教になるためには、その霊能者を信じる人、取り巻きがある程度できなければならないわけです。

・「霊能型宗教」が街の診療所《しんりょうじょ》レベルの規模である理由

ただ、最小限のものとして、「自宅でもできる可能性がある」という意味では、診療所《しんりょうじょ》とよく似ており、普通《ふつう》は、小さな規模になることが多いのです。

そのようなわけで、いちばん最初にニーズがあるのは、人生の諸問題に対する個人相談だと言えます。

例えば、「病気をした」「事故に遭《あ》った」「家族に不幸があった」、あるいは、金銭《きんせん》トラブル、争いごと、職業上の仕事の問題、経営相談等、さまざまなものが、そういうところに持ち込《こ》まれていることでしょうが、それを一個一個解決していくのであれば、「町医者が往診《おうしん》・診療できる範囲と同レベル」という規模になることが確定します。

したがって、「十八万の宗教法人がある」と言われつつも、「宗教法人の構成員たる信者の平均人数は、一宗教法人あたり、約三百人」とも言われており、これが普通の規模なのです。

これはすなわち、自宅を改造して、大広間なり、道場なり、個人相談ができるような場をつくり、神棚《かみだな》や仏壇《ぶつだん》その他、特殊な祭壇を安置して、そこで人々の問題解決をしたりする霊能者が多いことを意味していますが、この場合、教祖に、もう一段の組織運営能力や、教義を普遍《ふへん》化していく能力がないかぎり、それ以上に大きくはなりません。

対症療法《たいしょうりょうほう》的に、さまざまな人の相談を受けていているだけになっていて、その相談を受けていくなかで、教義を普遍化、共通化し、共有財産へとできる能力がなければ、そのようにはならないのです。

・「霊能型宗教」が広がるには実務的な補佐《ほさ》役が必要

しかし、霊能力を持った人が説く教えのようなものを、本人が自らまとめるか、もしくは、その片腕《かたうで》になった参謀《さんぼう》型の教団幹部等によって書き表したりマニュアル化したりすることができる場合には、そのやり方を広げることも可能になるため、例えば、支部を出すなどして、教団を拡張していくこともできるわけです。

要するに、霊能型宗教の場合には、一般《いっぱん》に、「実際に教祖が会える人の範囲」が「教団としての規模」になるわけですけれども、別の要素として、教えを普遍化したり、組織を組み立て、人を育て、財政的基盤《きばん》をつくったりする能力が、教祖自身、あるいは教祖を補佐《ほさ》する人にあれば、宗教として、もう一段、大きくなる可能性があるのです。

「霊能者」と「組織運営家」の組み合わせ＝立正佼成会《りっしょうこうせいかい》

一例を挙げれば、日本でも大きなほうに数えられる「立正佼成会」という宗教法人があります。

ここは、もともと、『法華経《ほけきょう》』と先祖供養《せんぞくよう》を中心とする霊友会《れいゆうかい》から分かれた教団です。

霊友会の副支部長だった庭野日敬《にわのにっきょう》という人が、自分自身は霊能力を持っていなかったかわりに、「神降《かみお》ろし」のできる長沼妙佼《ながぬまみょうこう》という霊能者を手に入れることによって、「片方が理事長的に運営をし、片方が神降ろしをする」という組み合わせが完成し、宗教として独立したところ、もとなる霊友会よりも大きくなったという歴史があります。

このように、宗教の発生としては、「組織運営家」と「霊能者」との組み合わせが、いちばんナチュラルな発生の仕方であり、それに成功しなかった場合は、いわゆる個人的なレベルで止《と》まるわけです。

この教団では、日蓮宗《にちれんしゅう》系の教え、『法華経』を奉《ほう》じていたわけですが、「長沼妙佼に日蓮などの霊が降りる」ということをもとに、旧霊友会系の信者を中心に開拓《かいたく》を続け、大きくしていったものと思われます。

一時期は、「公称《こうしょう》信者数六百数十万人」と称するところまで行きましたが、今は、もう少し小さな数で発表しています。

霊能力のない世俗《せぞく》型宗教＝創価学会《そうかがっかい》

一方、宗教家のなかには、霊能力を持っていない方もいます。世襲《せしゅう》制の宗教の場合には、継承者《こうけいしゃ》に霊能力がなくても、教祖的立場に立ってお寺や神職《しんしょく》等を継《つ》ぐようなことはありえるわけです。初代が霊能力を持っていたからといって、二代目や三代目も持っているとは限りません。

ただ、それでも大教団になることはありますし、運営能力があれば、ある程度、教団が続くこともあります。もちろん、教祖の霊能力がなくなることによって、教団が小さくなっていく場合もあるでしょう。

霊能力がなくても大きくなった例としては、やはり、創価学会《そうかがっかい》という宗教がその代表格だと思います。

ここは、もともと、宗教特有の部分を、日蓮正宗《にちれんしょうしゅう》の本山であるところの大石寺《たいせきじ》に依拠《いきょ》し、「本山を外護《げご》する」という目的のためにつくられた、在家《ざいけ》信者の「講《こう》」(同じ信仰《しんこう》で結ばれた人々の集団)でした。

しかし、そのような目的でつくられ、お金を集めていた団体が大きくなり、政治にも進出していくなかで、やがて、本山と意見が対立するようになります。

その在家の講の代表者だった池田大作《いけだだいさく》と本山の法主《ほっす》(教祖)との対立が激化

していったわけですが、両者とも、「霊能力を持っていない」という点では同じであったのです。

創価学会は、「本山は、自分たちを利用してお金集めを肩代《かたが》わりさせ、お寺を建ててもらっているだけ、要するに、〝寄生《きせい》〟しているだけだ」というような捉《とら》え方をしています。

逆に、本山の大石寺からすれば、「基本的な教義や信仰の部分は、全部、本山からの借り物でありながら、それを利用して、〝在家の外護団体〟と称するお金集め団体をつくり、本山を祀《まつ》るための金を流用し、政治活動や、自分たち在家の諸活動のための費用に充《あ》てている」ということになるでしょう。

例えば、正本堂《しょうほんどう》を建てるために百億円以上は必要になるため、お金を集めたところ、三百億円以上集まったようですが、残りは、平気で自分たちのものに使ってしまうようなことが起きました。

創価学会では、金が貯《た》まりすぎたために、さまざまなことが可能になり、運送業から旅行業務まで、いろいろな関連企業《きぎょう》ができたり、出版社や新聞社などもできていったわけです。

そのように、余《あま》ったお金によって、多様な事業ができるようになるにしたがい、「そういう金集めの目的で本山を利用した」などといったことで、両者の確執《かくしつ》も強くなり、トップ同士の争いをした揚《あ》げ句《く》、池田が在家代表を辞任するまでになりました。

そして、いったんは和解が成立したものの、結局は決裂《けつれつ》し、「おそらく、千年は続くであろう」などと言われていた正本堂も取り壊《こわ》され、実に短い寿命《じゅみょう》で地上から姿を消すようなこともありました。

世俗《せぞく》型宗教には、こういう難しさがあります。

創価学会の場合は、日蓮を起点とした流れ、法脈《ほうみゃく》を継ぐものが代々お寺を守る一方、その外側にできたものが、やがて、そうした対決を通して独立し、それでも宗教法人として認められているわけです。

そのように、霊能力はなくとも、宗教法人として一定の規模を誇《ほこ》り、政治目的、その他、社会的な活動を行っていて、それなりの人たちが食べていける組織が出来上がっている場合もありえます。

出版型の宗教＝生長《せいちょう》の家《いえ》と創価学会《そうかがっかい》

・出口王仁三郎《でぐちおにさぶろう》の口述筆記役だった谷口雅春《たにぐちまさはる》

それから、霊能型とそうでないものの中間帯に近いのが、例えば、「生長《せいちょう》の家《いえ》」型の宗教かもしれません。

その初代の谷口雅春《たにぐちまさはる》は、大本教《おおもときょう》の出口王仁三郎《でぐちおにさぶろう》の弟子《でし》だった人で、出口王仁三郎が『霊界物語《れいかいものがたり》』の口述筆記《こうじゅつひっき》させたときの筆記者数名のうちの一人です。出口王仁三郎が寝台《しんだい》（聖壇《せいだん》）に横になって口述していくのを書き起こす編集係でした。

そういう者が、あるとき、疑問を感じて独立したのです。それは、出口王仁三郎の予言がだんだん悲惨《ひさん》なものになり、「日本が戦争に巻き込まれて敗北する」というようなことを言い始めたので、考え方が合わなくなったからです。

一方、谷口雅春は、当時の、右翼《うよく》的な信仰にやや近く、軍部を応援《おうえん》するかたちでの信仰に傾《かたむ》いていったため、袂《たもと》を分かち、独立することになりました。

谷口雅春自身は、多少、自動書記（無意識の状態で書く能力）的なものができ、ある程度の霊的バイブレーションのある文章を書けたので、これが、さまざまな講話のもとになっているのです。

また、書いたものも含《ふく》めると、携帯《けいたい》版『生命《せいめい》の實相《じっそう》』全四十巻、合本《がっぽん》された厚い愛蔵版では全二十巻という教義体系を編むことができ、「出版型宗教」が一つ出来上がったわけです。これが、生長の家の特徴として挙げられるものでしょう。

すなわち霊能力がまったくゼロとは言えないにしても、実質上、出版を中心とした活動であり、人々を折伏《しゃくぶく》して信者にする創価学会的な力まではないけれども、「本を献本《けんぽん》するレベルでの伝道活動ならできる」ということです。

・雑誌の発行部数を信者数にカウントしていた生長《せいちょう》の家《いえ》

そこで、宗教団体としての生長の家は、教祖の書いた本と月刊誌を配る運動を長年行い、最盛期には、「三百三十万人の信者が存在する」というところまで行《い》ったと言われています。

しかし、現実問題として、戦前から『生命の實相』が説かれ始めてから谷口雅春が亡《な》くなるまでの五十年を超《こ》えた活動で、「『生命の實相』全巻の発行部数は一千九百万部」と言っているのを見れば、信者数はだいたいどのくらいなのか、推定がつきます。

発行部数を巻数で割ってみると、一巻当たり四十数万部程度しか出ていないことになります。五十年以上かかって、基本教義書が四十数万部ずつぐらいしか出ていないのであれば、常時三百数十万人も信者がいたわけではないだろうと思われます。

この数字の根拠としては、おそらく、月刊誌の配布数から算定したものに違《ちが》いありません。谷口雅春の在世《ざいせ》時には携帯できるサイズの月刊誌を六種類ほど出していたので、この合計配布数が三百三十万部になることをもって「三百三十万人」と称していたと思われます。ただ、メインの月刊誌「生長《せいちょう》の家《いえ》」は八十万部前後だったようです。

そういうこともあってか、二代目以降、信者数を計算し直し、公称八十万人、七十万人と減らしており、実態に近づけようとしているわけです。

この月刊誌を一人で百部も撒《ま》くような人を「百部一括愛行者《いっかつあいぎょうしゃ》」と呼んだりしているようですので、割り算をすれば、実際の活動者はもっともっと少ないことが分かるのではないでしょうか。

このように、印刷技術の発達とともに、「出版型宗教」というものが増えてきました。

●聖教《せいきょう》新聞の発行部数と創価学会の信者世帯数の関係

ある意味では、創価学会にもそういう面があります。名前を変えた幾つかの出版社をつくり、数々の本を発刊しています。

また、新聞については「聖教《せいきょう》新聞社」という名前ではあっても、これは独立した株式会社ではなく、実際には創価学会の出版部門のことなのです。それを「聖教新聞社」と呼んでいるだけで、そういう新聞社があるわけではありませんが、そこの新聞を機関紙的に扱《あつか》っているのです。そして、その公称部数等から信者の世帯数を発表しているとも言われています。

各宗教における信者の数え方には、このように、さまざまなものがあるのです。

「お筆先《ふでさき》」で始まった霊能型宗教＝大本教《おおもときょう》と天理教《てんりきょう》

「霊能型宗教」として始まったものは、江戸《えど》末期から明治期にかけて、いろいろとありますが、天理教《てんりきょう》や、前述の大本教《おおもときょう》なども、もともとは霊能型宗教です。

天理教の初代も、霊示《れいじ》を受け、「お筆先《ふでさき》」的に書いたものから始まっていますし、大本教も同様です。

また、天理教は、「天理王命《てんりおうのみこと》」という神の言葉から起きていますし、大本教は、「艮《うしとら》の金神《こんじん》」と称する神から降りた霊示を中心にして起きてきたものです。それぞれの名前は、一種の〝ペンネーム〟でしょう。

・「出口《でぐち》なお」と「王仁三郎《おにさぶろう》」の二人の霊能者が出た大本教《おおもときょう》

大本教《おおもときょう》の場合は、初代・出口《でぐち》なお、それから、その娘婿《むすめむこ》である出口王仁三郎《おにさぶろう》と、霊能者が二人続いたことと、出口王仁三郎は二代目教主輔《きょうしゅほ》ではありながら、初代教祖的な力を持っていて、かつ、活動が破天荒《はてんこう》であったために、大きな宗教になって、非常に派手な活動をしました。

例えば、蒙古《もうこ》を横断するようなキャラバンや満州《まんしゅう》進出をしてみたり、あるいは、大阪《おおさか》の大正日日《たいしょうにちにち》新聞を買収したり、当時としては、世の中を驚《おどろ》かすような珍《めずら》しいことをして、教勢を広げていったようです。

しかし、戦前には、数多くの宗教と同様に、大本教も特高《とっこう》（特別高等警察）に目をつけられ、弾圧《だんあつ》を受けています。「三代目の教主輔は、牢獄《ろうごく》のなかで、ある意味での精神的な破綻《はたん》を来《きた》したのではないか」と言われたような状況《じょうきょう》で戦後を迎《むか》えます。

大本教は戦前二回の大きな弾圧を受け、その勢力はかなり衰退《すいたい》したと思われます。

・「においがけ」をした人が信者となる天理教《てんりきょう》

天理教《てんりきょう》の場合、幸福の科学が始まったころは公称信者数二百万人と言っていましたが、その後、当会が活動している二十数年の間に、だんだん小さくなってきて、現在では百万人を少し超えるぐらいの人数を公称しています。

この天理教の数え方も、いろいろと難しいものがあり、「においがけ」というような独特の言い方をしています。これは、「何か天理教に縁《えん》のあるものを渡《わた》すなり、伝えるなり、何らかのかたちで教えに触《ふ》れさせる機会があれば、伝道したことになる」というような考え方であり、ここから、おそらく二百万人という数字が出ていたのではないかと思われます。

・研修型・共同生活型の側面を持つ天理教《てんりきょう》

その全盛期には、「おぢば」とも言われる天理《てんり》市（奈良県）に全世界から巡《じゅん》礼《れい》に来る人たちの数が十万人ぐらいであったと言われています。

ここは、意外と研修型の宗教であるため、「天理教が流行《はや》る所にはホテルが建たない」と言われるほどで、自分たちで建物を建てて泊《と》まれるようにして、長期間自炊《じすい》したりすることも多く、共同生活型の宗教にもなっています。

反面、外部に対しては、教えをあまり広げているとは言えません。

ただ、三代目真柱《しんばしら》（教祖の子孫が務める教団の統理職）が、東大の文学部を卒業して文士たちとの交友等があったために、その時代に、若干《じゃっかん》、知名度が上がり、教線が伸《の》びたと言えるのではないかと思われます。

ここも、天理大学や天理図書館をつくったり、野球や柔道《じゅうどう》で活躍《かつやく》したりと、文化的な面では、さまざまなかたちで知られているのではないでしょうか。

創価学会《そうかがっかい》三代の盛衰《せいすい》

・小学校の校長だった初代会長・牧口常三郎《まきぐちつねさぶろう》

以上、述べてきましたように、大教団と言われているところにも、霊能型で始まった教団と、霊能に関係なく活動を続けているうちに広がった教団とがあり、後者の例として、創価学会《そうかがっかい》を挙げました。

では、創価学会の始まりは、どのようなものだったのでしょうか。

初代の牧口常三郎《まきぐちつねさぶろう》は、幸福の科学総合本部の近所でもある白金《しろかね》小学校（東京都港区）の校長だったころ、校長会で「創価教育」という教育法の勉強会を始めたあたりが出発点でした。つまり、もともとは、教員の勉強会から、「創価教育学体系」というものをつくっていったもので、教育者として始めたわけです。

ただ、戦前に、やはり、軍部から睨《にら》まれて投獄され、獄死《ごくし》していますその当時の会員数は、公称五千人ぐらいのものだったと思います。

・折伏《しゃくぶく》大行進を始めた二代会長・戸田城聖《とだじょうせい》

戦後、戸田城聖《とだじょうせい》がこれを継ぎましたが、この人は今で言えば、予備校の先生のようなところがあり、もともとは、数学の参考書を書き、それがベストセラーとなって有名になった人です。

そういう意味では、教育の流れとして継いでいる部分もあるのかもしれませんが、この人が二代目になってから「折伏《しゃくぶく》大行進」というものを始め、一九五〇年代に大きく教勢を伸ばしたと言われています。

そして、二代目が亡くなったころには七十五万世帯と発表していたようですが、「現実の実数として、三、四十万世帯以上は行っていなかった」とも言われています。

ちなみに、三代目会長だった池田大作《いけだだいさく》の『人間革命』には、本人に当たる「山本伸一《やまもとしんいち》」という若手の活動家が出てきますけれども、同書の第二巻には、学会の青年たちが、「ある新宗教（生長の家）の本部へ行って教祖（谷口雅春）に質問をしたが、立ち往生《おうじょう》して答えられなかった」と会合で報告し、ヤンヤの喝采《かっさい》を受けるという、道場破り型の話が出ていました。

これには、江戸時代のころ、日蓮宗の僧侶《そうりょ》が他宗のお寺へ行って法戦《ほうせん》を挑《いど》み、相手が答えられなくなってきたら、お寺の看板を外して持ち帰り、日蓮宗のものに掛《か》け替《か》えさせるというような荒業《あらわざ》をやっていたのと似たような流れがあったと思われます。

・政治に進出して組織防衛を固めた三代会長・池田大作《いけだだいさく》

それから、公称七十五万世帯で二代目が終わったあと、三代目の池田大作は、三十代前半で後を継ぎ、選挙活動にもかなり力を入れていきましたが、おそらく、政治と宗教を兼《か》ねて、さまざまな社会的なつながりをつくっていこうとしたのでしょう。

ただ、池田大作は、大阪のほうの選挙のときに、選挙違反《いはん》で逮捕《たいほ》され、拘置《こうち》所《しょ》に入れられたことがあり、大きなダメージを受けたため、これがけっこう大きなトラウマになって、以後、「池田大作を守るための組織」が、そうとう大きくなっていったようです。

「俺《おれ》を守れ」というのが池田大作の口癖《くちぐせ》となり、そのために、防衛部隊や、さまざまな本部等の組織がたくさんできていきました。

また、信者の社会進出によって警察や学校、裁判所、外交官など、各界に人材を送り込むことで、会長を守るという、防衛用の組織になっていったと言われています。

政党をつくったのにも、同様の目的があったのではないかと言われています。

「政党がなかったら、とっくの昔に、創価学会という宗教はなくなっている」と、内部の出身者が語っていましたので、そういう面もあったのかもしれません。

一般的には、共産党と同じようなバックグラウンドを持った人たち、すなわち、戦後の貧困層《ひんこんそう》をターゲットとして広げていきました。これも一種の「講《こう》」であり、助け合いをする生協《せいきょう》に入ったようなものと言ってもよいかもしれませんが、「それによって、さまざまな便益《べんえき》が図《はか》られる」ということで加入者を増やしていったわけです。

ただ、生活が中流に近づく人が増えてくるにつれて、意識の変化が現れつつあり、創価学会初期の攻撃《こうげき》型スタイルもやや弱まってきていますし、連立与党《よとう》になることによって、今、昔ほどの過激性はなくなってきているのではないでしょうか。

いずれにせよ、いまだに、「日本では最大規模の宗教団体」というように目《もく》されているとは思います。それは、「選挙活動等で何百万票もの得票数を挙げているから、大きいのだろう」と思われているのでしょうが、このあたりの仕組みについては、宗教学的にどの程度まで分析してよいものであるのか、まだ十分に分からないところではあります。

「現実に、その票数だけの信者を持っているのか。信者でなくても投票しているのか」といった部分については、考え方が分かれるところで、宗教学者も十分に分析し切れてはいないでしょう。

ただ、「もし、実数で信者数が百万人を超える宗教があるとすれば、創価学会しかないのではないか」ということが、幸福の科学立宗《りっしゅう》のころには言われていたと思います。

5　七〇年代、八〇年代に発祥《はっしょう》した新宗教の分析《ぶんせき》

火祭りをする密教《みっきょう》系新宗教＝阿含宗《あごんしゅう》

それから、戦後の「神々のラッシュアワー」のあと、一九七〇年代に、一時期、新宗教ブームが起きました。

このころの宗教としては、例えば、京都の桐山靖雄《きりやませいゆう》がつくった阿含宗《あごんしゅう》がありますます。密教念力《みっきょうねんりき》という、一種の超能力《ちょうのうりょく》を使って護摩木《ごまぎ》に火をつけ、護摩を焚《た》くというようなことを吹聴《ふいちょう》して、かなり信者を広げ、一時期、テレビでそれを映

したりしていました。

花山霊廟《かざんれいびょう》などのある総本山では、例年二月ごろに火を焚いていますが、その火がいろいろなかたちに動いて、龍《りゅう》のように見える場合もありますので、「龍《りゅう》神《じん》が現れた」などと称《しょう》するショットをテレビで流して宣伝していました。

最初は、そうとうマスコミのバッシングを受けていましたが、時間がかなりたったこともあり、三十年ぐらい過ぎたあたりからは、バッシングはかなり少なくなっているようです。

初期のころには、「念力で火をつけるなんていうことがあるわけがない」ということで、マスコミのジャーナリストの攻撃《こうげき》を受けていましたが、実際に、薬局から発火物質等を仕入れているところまで突《つ》き止められ、記事を書かれたりしていました。

要するに、「化学物質を化合することで自動発火する装置、仕組みをつくれるので、それを仕掛《しか》けておけば、合図のもとに火をつけることができる」と書かれていた時代もあったように記憶《きおく》しています。

しかし、年数が三十年を超《こ》えたあたりからは、もはや、そういう攻撃もバカバカしくなったのか、あるいは、観光仏教の一種類のようになったからか、その両方があるでしょうが、下火になっていきました。

その一方で桐山靖雄はいまだに九十代で存命《ぞんめい》ではありますが、後継《あとつ》ぎには十分に恵《めぐ》まれていないようで、火祭り以外には特に目立った大きな行事もありませんし、以前、銀座にあったアゴンビルも売却《ばいきゃく》するなど、縮小傾向《けいこう》が出ています。職員も二桁《ふたけた》の人数しかいませんし、信者の実数としては、おそらく、そう大きなものではないでしょう。

結局、集まったお金の大部分は広告代に使っていた宗教だと推定されます。

信仰心《しんこうしん》が立たない超能力宗教《ちょうのうりょく》＝ＧＬＡ

・釈迦《しゃか》の生まれ変わりを自称《じしょう》した高橋信次《たかはししんじ》

一九七〇年代の新宗教には、阿含宗のほかに、ＧＬＡ（現・宗教法人ＧＬＡ）というところもあり、高橋信次《たかはししんじ》という人が八年間ほど活動をしています。

この人は、「手かざし系の宗教で研修を受け、多少の霊現象を起こす訓練を受けたのではないか」というように言われているものの、本人自らそれを明らかに遺《のこ》してはいません。

また、若いころから神智学《しんちがく》協会に通っていて、そこから得た、ブラヴァツキーやルドルフ・シュタイナー等の知識を融合《ゆうごう》し、宗教をつくったのではないかとも言われています。

生前、「釈迦《しゃか》の生まれ変わり」を自称《じしょう》し、「自分の周りには釈迦の十大弟子《でし》がいる」ということで、異言《いげん》ができるような人も次々に出てきたとされ、一時期、流行《はや》ったことがありました。

信者実数は、だいたい一、二万人程度で止まっていたと思われます。公称では、「高橋信次が亡《な》くなる少し前には九万人ぐらいまで膨《ふく》れた」ということですが、実際の広がりとしては数万人で、そこまでは行かなかったと推定されます。亡くなったあとは、また一、二万という数字に戻《もど》っているようです。哲学《てつがく》的な教えを説く長女が二代目を継いで以降、教勢がやや衰《おとろ》えていきました。

・「超能力者《ちょうのうりょくしゃ》」で終わった高橋信次

父親の高橋信次は、日大工学部卒または中退のエンジニアで、高電《こうでん》工業という会社も持っており、お金はそちらのほうで稼《かせ》ぎ、「宗教では金儲《かねもう》けしない」というような考え方を持っていたため、そのお金を宗教のほうに入れるスタイルだったようです。

また、この人の場合、個人相談もかなりしていたことから、本当は、宗教家というより、超能力者《ちょうのうりょくしゃ》の段階で終わっていた面があったのではないでしょうか。

書籍《しょせき》は、十数冊出てはいますけれども、似通《にかよ》ったものも多く、最後のほうの講演では、ほとんど同じことの繰《く》り返しだったと、内部の人も認めています。発売された講演テープは四十一巻しかありません。

したがってその教義自体は、一年もあれば学び尽《つ》くすことができるものです。本十数冊を読み、四十一巻分の講演を聴《き》けば、それ以外情報がほとんどないわけですから、その意味では、もう一段大きくするための要素はなかったと思われます。

・二代目になって古参幹部が離反《りはん》したＧＬＡ

また、初代が「仏陀《ぶっだ》の生まれ変わり」を名乗っていたのに対し、二代目は「ミカエルの生まれ変わり」を名乗っていました。「ミカエルわれ立てり」ということで、二十歳《はたち》ぐらいの若い方が立ったため、四十五歳《さい》定年制を敷《し》いて古参幹部を追い出すという〝パージ〟（粛清《しゅくせい》）をし、若い人たちだけでやろうとしたのでしょう。

ところが、辞《や》めさせられた人たちが分派をつくり、いろいろなところで暴《あば》れ始めて、三百人ぐらいから、大きいところでは三千人ぐらいの団体まで分かれ、「私こそ後継者《こうけいしゃ》」と名乗る者があちこちに出てきたわけです。

・最盛期でも貸しビルの四十畳《じょう》が道場だった

結局、このＧＬＡの問題点は、基本的に「信仰心《しんこうしん》」というものが立っていなかったところだと思うのです。

高橋信次自身が、高電工業という会社の経営をしており、「宗教で飯《めし》を食っちゃいけない」というようなことを口癖《くちぐせ》にしていたため、信仰心でお金を集めている宗教を、「観光仏教」とか「金儲《かねもう》け仏教」とか批判していたのですが、それがある意味でのネックになって、プロの宗教家にはならずに、超能力者で止《と》まってしまった部分があったのではないでしょうか。宗教として、もう一段、拡大するための方法まで思い至らなかった面があると考えます。

そういう意味で、自分のレンタルビルのワンフロア四十畳《じょう》ほどの場所を道場とし、一階に事務所を置くかたちでやっていて、そこで最盛期を終えたことからすると、あまり過大評価するのも禁物《きんもつ》でしょう。

また、職員も、三十数名しかいなかったようですので、その職員数でもつ団体のレベルを考えると、やはり、信者の大部分は、普通《ふつう》の宗教団体で言うところの、きっちりとした組織に入っている人ではなかったと推定されます。

・高橋信次の霊道《れいどう》現象にまつわるエピソード

かつて、私の父は、高橋信次が徳島県の文化会館かどこかに講演に回ってきたときに、一度だけ見に行ったことがあると言っていました。

そのとき、演壇《えんだん》上には、娘《むすめ》やおば、一部の弟子がいて、おそらく〝サクラ〟だと思われますが、「過去世《かこぜ》の言葉を語り出す」という霊道《れいどう》現象をやり、「私は、ポンペイの噴火《ふんか》で死んだ者です」などいろいろなことを言うのを見せられたそうです。

集まった人数は五十人ぐらいだったようですが、父は、「何か霊的現象をやっていることは本当だろうけれども、なぜこれをタダでやっているんだろう」というような不思議な感じを持ったように言っておりました。

ちなみに、それを見に行こうと父を誘《さそ》ったのは、私の高校時代の書道の先生で、宗教好きの方だったのですけれども、因果《いんが》関係はよく分かりませんが、その後、交通事故で亡くなっています。

そういう接点が少しだけあったと言えるかもしれませんが、あとは、公開されている書物ぐらいしかありません。

七〇年代には、そのほかにも、白光真宏会《びゃっこうしんこうかい》など、幾《いく》つか流行《はや》ったものがありました。

一九八〇年代に活動開始＝オウム真理教と深見東州《ふかみとうしゅう》

八〇年代に入ってからは、オウム神仙《しんせん》の会、のちのオウム真理教が、幸福の科学よりも少しだけ早くスタートを切っています。

当会の発足《ほっそく》が一九八六年で、向こうは、八四年ぐらいだったかと思います。

当会の発祥《はっしょう》の地である東京都杉並《すぎなみ》区の西荻窪《にしおぎくぼ》の近くから発祥しています。

また、私たちの一年前ぐらいの八五年には、深見青山《ふかみせいざん》（現在は深見東州《とうしゅう》）と名乗る方が出てきました。脱税疑惑《だつぜいぎわく》でかなり攻撃されたこともあり、法名《ほうみょう》を深見東州に変えたり、さまざまな名前を使いながら活動しています。

今はほとぼりも冷めたので、ときどき宣伝広告等を出して、オペラ歌手のようにして出てみたり、能楽の役者のように変身してみせたり、いろいろとしていますが、本体は予備校の経営者です。結局は、西荻窪に本校がある、「みすず学苑《がくえん》」という予備校の校長なのです。幾つか分校を持っていると思いますが、そこで宗教活動をしていて、「予備校に来た生徒を信者に変える」ということをしているようです。

ここは、宗教法人法に言う、「宗教法人」としての認可がなかなか下《お》りず、いろいろなことをしていましたが、やればやるほど、宗教でなくなっていきつつあるように見えました。
創価学会《そうかがっかい》のまねをして、「本山ならぬ、各地の神社に、ある程度奉納《ほうのう》する」という在家《ざいけ》団体のようなかたちでもって宗教法人格を取ろうとしていたようです。

そういうことで、出発は、当会よりも一年ぐらい早かったのではないかと思われます。その後も、『強運』や『大金運』などという、現世利益《げんせりやく》的な本を中心に出しており、その当時は売れていましたが、その後、オウムの事件等、いろいろなこともあって、半端《はんぱ》なかたちで現在まで続いているのです。

事務所や講演会場をレンタルしていた初期の幸福の科学

ただ、深見は、幸福の科学に対し、かなりライバル意識を持っていたかもしれません。

八〇年代当時、当会のほうも何を勘違《かんちが》いしたのか、その人が持っている西荻窪のビルに事務所を借りようとして申し込み、断られたことがあります。「実は、向こうも宗教をしていた」ということを知らず、なぜ断られたのかが分からずに、キョトンとしていたのです。

結局、その予備校ビルのフロアを事務所として借りるのに失敗したため、とうとう当会は、千代田区《ちよだく》にある紀尾井町《きおいちょう》ビルまで〝飛んで〟しまったのです。

しかし、これは〝ワープ〟しすぎでした。

あのころの事務方はそのレベルで、「たまたま申し込んだら当たってしまった」と言うので、入らなければいけなくなり、高い家賃に耐《た》えなければいけなくなりました。

まだ、年間収入が一億円ぐらいしかない時代に、年間家賃三億円の所に入ったのですから、これは〝自殺行為《こうい》〟に近いことです。そのため、何かをしなければいけなくなり、俄然《がぜん》、私も、頻繁《ひんぱん》に大講演会を行うようになったのですが、大講演会だけでは収入に当たる部分が十分ではありませんでした。当時は、ストック的なものが、まだまだだったと思います。

ただ、当時、ビルのオーナーだった大京《だいきょう》も、当会の銀行口座まで全部調べ尽くしており、「金がないのではないか。大丈夫《だいじょうぶ》かな」と心配はしていたようです。

ところが、私が下見に行き、向こうの担当者に、「来年は幕張《まくはり》メッセで、五回、講演会の予定があります。一回で一億円の収入がありますから、五回行えば五億円入ります。ですから、三億円は払《はら》えますと社長にお伝えください」と啖呵《たんか》を切ったところ、それがそのまま通ってしまいました。それで、本当に三億円の家賃を払って入らなければいけなくなり、大騒動《おおそうどう》になったわけです。

また、フロアを埋《う》めるための職員数が足りないので、採用ばかりして職員を増やし、職員と机でフロアを埋め始めました。そのように、やたらと採用が活発化したのです。

そして、当会に転職してきた方は、「元いた会社よりも立派だ」などと言って、きれいなビルに移れたことばかりを喜んでいました。

ところが、それはレンタルビルだったため、正月に、千人もの信者たちが周りに拝《おが》みに来たりしたことに対し、ビルのオーナーから、「ほかの会社の迷惑《めいわく》になるし、ちょっと困るんですけど……」と言われてしまったのです。つまり、「参拝《さんぱい》できない総合本部」になってしまったため、「これはどうにかしなければいけない」ということで、その後、自前のものを持つ方向に動いていったわけです。

ただ、そのなかで、気づきもありました。

「大きくなっていく途中《とちゅう》では、ある程度、規模が固まるまでは、持ち物を持たないほうがよい」という考えが、経営上の一つの指針ではあったのです。そのため、当初は、建物などはレンタルして、教団が大きくなってきたら、それに合わせて「ヤドカリ型」で増やしていくほうがよいと考え、そういうかたちで事務所や支部を借りていましたし、講演会場も外で借りていました。

しかし、レンタルのものでは、やはり、「永続性」がありませんし、会場が大きくなるにつれ、だんだん費用も高くなっていったのです。

会場をレンタルして行うにしても、収容人数が数千人から万単位の会場になると、何千万円もかかるようになりましたし、東京ドームぐらいの規模では、レンタル代から諸費用まで入れると、二億円前後はかかったのです。

もちろん、それ以上の収入はあったわけですが、やはり、一回行うのに億単位のお金がかかるのは、かなりのものがありますし、場所が野球場でしたので、そこを「聖地《せいち》」とするには、適格性を欠いていたわけです。「『大きい』ということを見せるだけで、ふさわしいものではなかったかな」という気持ちが若干《じゃっかん》ないわけではありませんでした。

オウム事件を教訓に「永続的な施設《しせつ》」を持つことを決める

その後、九五年にオウム事件が起きましたが、その際に、自前の施設《しせつ》という点に関し、当会も反省するところが出てきました。オウムは、山梨県《やまなしけん》の上九一色村《かみくいしきむら》という所に、「サティアン」と称する建物をたくさん持っており、公称では、「財産が一千億円もある」などと、大きなことを言っていたのですが、〝お取り潰《つぶ》し〟になったら、結局、全資産を売り払っても、二十億円以上はないことが分かってしまったわけです。

そのように、この教団は、お金の面では嘘《うそ》をついていましたが、信者数に関しては嘘をつけませんでした。それというのも、信者になると、基本的には、みな出家《しゅっけ》させていたので、だいたいの人数を数えることができてしまいます。実際、無理な経営をしていたのではないでしょうか。

オウムも、最盛期には、出家者が約千四百人と、在家信者が一万人ぐらいいたようですが、信者一万人余りで出家者千四百人を食べさせるのは大変なことです。途中までは、自前でパンをつくるなど、いろいろなことをしていたようですが、人に食料を提供するのがだんだん面倒《めんどう》くさくなったのか、財産だけ取って、あとは人間を焼却《しょうきゃく》してしまうようなことまでし始めたのです。

それは、経営学的には、ある意味、非常に〝効率のよい〟経営という言い方ができなくもありません。それで、「信者の財産をすべて取り上げてから殺し、あとは食料費も住居費も節約する」という手に出たわけですが、そんなことが許されるわけもなく、あのような結末になりました。

そのオウムでさえ、自前の施設を持っていたのですから、「やはり、当会も永続的な施設を持つ必要がある」というようなことを、当時、考えたのです。

当会においても、九一年に宗教法人格を取るに当たり、実際、九〇年に、いちおう、徳島県の鳴門《なると》に道場を一つ建てたのですが、その使い道については、宗教としていったい何をしたらよいのかが分かりませんでした。

私の講演会を行うにしても、鳴門の道場では、あまり効率がよくありません。当時は三百人ぐらいしか入らない建物だったので、その程度の人数で講演をするために、いつも東京から鳴門まで行くというのは、どう考えても効率が悪いわけです。

しかし、宗教法人法では、宗教法人格を取るためには、いちおう建物が要《い》るのです。「土地・建物がある」ということが条件としてあって、レンタルだけでは法人格が下りないため、建てたのですが、とにかく効率が悪かったわけです。そこで、次には、東京都内にも、コンクリート製の物件を買ったのですが、結局、これもほとんど機能しない物件になってしまいました。

宗教本人格を取得するまでには、そのようなこともありましたが、最終的には認めてもらいました。

ただ、オウムの事件を見た九五年以降は、「東京ドーム型の場所をレンタルして講演会を行うのは、もはや限界である。やはり、自前のものをつくらなければいけない」と考え、宇都宮《うつのみや》に総本山等の開発を始めたのです。

当時から、当会の指導霊《しどうれい》として入っていたドラッカーの守護霊《しゅごれい》からも、「今は信者も増えておるし、人気もあるし、本も出ているけれども、そういうものがいつまでも続くかは分からないので、収入があるときに、それを永続性のあるものに変えておく必要がある」という指導を受けました。

そのため、総本山を建立《こんりゅう》し、さらに、正心館《しょうしんかん》等の精舎《しょうじゃ》や支部を各地に建てていき、全国規模の教団としての形式をつくっていく流れがあったかと思います。

6 霊能力《れいのうりょく》と実務能力を兼《か》ね備えた「大川隆法」

「イイシラセ」という自動書記から始まった幸福の科学

幸福の科学は、講演会と、霊言集《れいげんしゅう》の出版から始まりました。一九八六年十月六日が立宗《りっしゅう》記念日となっており、西荻窪《にしおぎくぼ》に六畳一間《ろくじょうひとま》の事務所を初めて開いたときが、立宗のスタートということになっています。

しかし、現実には、一九八一年三月二十三日に、自動書記により、「イイシラセ」という霊的なメッセージが降りてきたことから始まっています。

そして、その八一年のうちには霊言《れいげん》ができるようになり、「宗教家として立たなければいけない」という大きな自覚が高まっていきました。

その後、私は、商社勤務をしつつも、父と協同して、テープレコーダーに霊言を収録し、その対話編を霊言集として出したのです。それが最初に発刊されたのが、一九八五年七月のことです（『日蓮聖人《にちれんしょうにん》の霊言』）。

そこから八六年七月に商社を退社するまで、一年ぐらいかかっていますが、それまでの間に、六冊ほど本を出していたかと思います。

そのようなわけで、八一年には霊的な覚醒《かくせい》があり、使命も告げられてはいたのですが、現実が伴《ともな》っていませんでした。そのため、まずは、霊言集の収録や、その原稿《げんこう》化のほうが先にあり、本を出せるまでに四年ほどかかっているのです。

本を出してからは、さまざまな方からの手紙等が数多く届くようになり、ファンもたくさんでき、「早く事務所を開いてくれないか」というような声や、出版社への問い合わせも多くなっていきました。ただ、私としては、「誰《だれ》か協力者はいないか」と思って待っていたのですが、「お金」と「協力者」と「場所」は、なかなか簡単に出てこないところがありました。

そのため、最後は、「エイヤー！」と、清水《きよみず》の舞台《ぶたい》から飛び降りるつもりで、「とにかく会社を辞《や》めて、始めるしかない」と思い、六畳一間から始めたわけです。

それが今では、全国規模となり、自前のものも含《ふく》めて、国内でも約六百カ所の支部・拠点《きょてん》・精舎《しょうじゃ》と、一万カ所近くの布教所《ふきょうじょ》がありますし、さらには、世界の約百数カ国に、二百数十カ所の支部や拠点、精舎を開いています（二〇一三年十月現在）。「大きなものになってきた」ということです。

このあたりのことについては、「宗教的な教え」の部分と、「運営としての経験や智慧《ちえ》」の部分が重なってできていったものがあるのではないかと考えます。

「永続性を持った宗教」をつくるために必要な実務能力

その意味で、宗教学者が分析《ぶんせき》する場合の一つの論点として、純粋《じゅんすい》に啓示《けいじ》だけで起きた宗教というわけではなく、「この世的な実務能力もあった」というところを、どう評価するかという面はあるようです。

そうした面をマイナスに評価する人からは、「会社的になりすぎて、信仰《しんこう》と伝道という宗教的活動のスタイルが、なかなか根付かない」と批評されることもありますし、一方では、「この世的な能力として、そういう実務能力があったために、短期間で大きな教団を運営するに至った」というように考える向きもあり、多少、意見が分かれるところではあります。

ただ、「永続性のある体制」をつくれるということが、結果的には、宗教にとって、大を成していくための基礎《きそ》であったと考えています。

つまり、最初は、小さな六畳一間をタダ同然で借り、そこから、世界中にまでずっと広げていっているわけですから、このへんについては、一定の経営手《しゅ》腕《わん》的なものが伴っていたのではないかと思います。

その間、霊言集を出したことで、一定の読者層ができ、その人たちが信者になったということもありますし、機関誌（月刊「幸福の科学」）が創刊され、それを取る人が出てきたということもあります。

さらに、精舎等ができてからは、「公案《こうあん》」というものをつくって研修を行ったり、祈願《きがん》等をつくったりしていきました。このように、祈願・公案をつくったことにより、精舎での修行《しゅぎょう》が成り立つようにもなったのです。

「コンサート型宗教」から「信仰《しんこう》と伝道を中心にした宗教」へ

当会も、最初のうちは、私が直接、説法《せっぽう》や講演を行う以外に、行事がないという状態が続いていました。その後、月に一回、大講演会を行うようになると、全国から支部長などが集まり、会場の前のほうで並んで聴《き》き、メモを取って帰るのです。それで、翌日、地元に帰ってから支部の主《おも》だった人たちを集めて、「こういう内容の講演でした」と伝えていました。当時は、まだ、衛星放送などもできていなかったため、月に一回、出張して講演を聴き、支部に帰ってその内容を信者に伝えるのが支部長の仕事だったのです。

また、「支部の事務所を守る」というスタイルでもありました。

それから、当会で「植福《しょくふく》」と言っている布施《ふせ》の文化も、最初は十分に成り立っておらず、献本《けんぽん》もできずにいました。献本した相手から送り返されたりすると、泣き出してしまうような信者が多く、まだ「信者」と言えないレベルの「会員」であったことは事実です。

九一年ごろの当会は、「コンサート型宗教」という言い方で、ほめられていたこともあります。「『何か大きな行事を行うとき、一時間か二時間だけ、バッと見に来て、また、散ってしまえばそれでよい。何のオブリゲーション（義務）もない宗教で、非常に、会に入りやすく、出やすい。そこが魅力《みりょく》だ』というような言い方で広がったのだろう」という分析もされていました。

しかし、こちらとしては、「それでは成り立っていかない。やはり、きちんとした宗教にしなければいけない」と考え、さまざまな宗教の研究、勉強をしたのです。

そして、「信仰と伝道」を中心に基本教義を組み立て、そちらのほうへもっていこうとしたわけです。

「あの世の証明」のために出し続けている霊言《れいげん》

それから、当会の初期には、霊言集《れいげんしゅう》を多用しましたが、九四年以降は、理論書を中心にした活動に切り替《か》えました。それでも、ある程度の安定感はあったのですが、十年以上も霊言を出さずにいたところ、霊能者ではなくなったかのように見られる向きも出てき始めたのです。

また、当会の元会員等のなかから、おそらくは悪霊《あくれい》が入っていると推定される〝霊言〟を出すような者も出始めて、支部からも何人かがそちらに引っ張っていかれることが起きたため、二〇〇九年ごろから再び霊言集を出すようになったのです。

そして、今、それが非常に大きなうねりになって、全国的に、また「霊言宗教」というイメージがつきつつあるのではないかと感じています。

基本的に、当会は、霊言で行《おこな》っても行わなくてもできるスタイルではあるのです。

しかし、初期のころには、霊言集を出すことで、そういう霊的なものが好きな人が集まったと思いますが、今の時代の日本にそれが必要な理由としては、やはり、「あの世は本当にある」ということを信じさせたり、「霊界《れいかい》に実相《じっそう》世界があり、人は死んだら、そちらで生きることになる」ということを知らせたりすることが非常に大事だと気づいたからです。

信仰心が薄《うす》く、宗教に対する蔑視《べっし》も強い環境《かんきょう》が、戦後ずっと続いていますので、やはり、「真実はどちらなのか」ということを教える必要があり、霊言集等も数多く出しているのです。

さらに、当会は、それだけにとどまらず、〝現在進行形〟のさまざまな活動として、政治活動をしたり、あるいは、ジャーナリスティックな意見等を表明したり、また、教育事業等にも参画したりしています。

このように、現実の世界にも、ある程度、強みを持っているというところが、「普遍性《ふへんせい》」があると同時に、「現実性」がある宗教として見られているところかと思います。

「霊能型宗教」の正邪《せいじゃ》を見分ける判断基準とは

「霊能型宗教」の場合のチェックポイントは、「狂気《きょうき》に支配された宗教であるかどうか」というところが一つです。

なぜならば、「霊が降りてくる」といっても、現実には何が降りてきているのか分からないからです。

例えば、病院でも、精神科に入っている患者《かんじゃ》さんのなかには、現実に、「霊が見える」とか「声が聞こえる」とか、いろいろなことを言う人が大勢います。

そういう人と、実際に「霊が見え、声が聞こえる」という宗教家との違《ちが》いは、いったいどこにあるのでしょうか。それは、結局、「組織の運営ができたり、実務的な判断ができたりするかどうか」というところです。これが、精神に異常があるかないかの判断基準になるわけです。

精神に異常があると、この世的な組織の運営や判断のところで、間違いが数多く出てくるため、そこで問題が起きてきます。

したがって、やはり、精神病院に入っている患者さんが教団運営をするというのは、実際上、難しく、できないことでしょう。

この、「組織の運営ができるかどうか」というところが、宗教学的に見て、「〝狂気の世界〟の産物としての霊現象や超能力《ちょうのうりょく》現象」なのか、そうではなくて、「古代からあるところの神仏や高級諸神霊《しんれい》の導きによる宗教活動」であるのかの分かれ道であると思うのです。

マスコミの批判には「実績」で答える幸福の科学のスタイル

また、世間《せけん》と接触《せっしょく》する面積が広がれば広がるほど、チェックも厳しくなってきますので、「その宗教に入って活動している信者がおかしくなっていくか、おかしくなっていかないか」ということに対しては、世間、および、世間の代理人としてのマスコミも、厳しい監視《かんし》をし続けていると言えます。

そういう意味で、当会も、週刊誌等で批判をされることは何度もありましたが、全体的な面で見ると、犯罪的なことで批判されることはほとんどなく、主として「嫉妬心《しっとしん》の代弁《だいべん》」というかたちのものが多かったように思います。

九〇年代以降、世間が不景気に突入《とつにゅう》していったのですが、そのなかでも、

〝羽振《はぶ》り〟のよい宗教ということで、かなりの嫉妬を集めた面があったのでしょう。

ただ、この嫉妬に対し、当会としては、基本的に、「実績でもってご返事申し上げる」というスタイルを貫《つらぬ》いてきました。

そして、宗教としての基本的な理念等については、「信念を曲げない」というスタイルを貫いてきたのではないかと考えます。

7　すでに日本社会が受け入れている「幸福の科学」

社会現象として進行しつつある「霊言《れいげん》」

次に、教義の内容についての分析《ぶんせき》を述べると、今、当会では、霊言《れいげん》のようなものが中心的になっています。

そのなかには、普通《ふつう》であればめったに成り立たないことではありますが、仏教系、キリスト教系、神道《しんとう》系、さらに、その他の、宗教家ではなく、古代の人から近代の人まで、哲学者《てつがくしゃ》や教育者といった、さまざまな分野の有名人等の霊言が出てくるようになりましたし、最近では、「生きている人の守護霊《しゅごれい》霊言」というものもよく出てきています。

「守護霊」という言葉自体を聞いたことのある人は多かったかもしれませんが、「現に生きて活動し、活躍《かつやく》している人の守護霊なるものが出てきて、雄弁《ゆうべん》に本一冊分を話す」といったことは経験がないことなので、一定の驚《おどろ》きと警戒《けいかい》をしつつも、「社会現象」として進行していると言えるのではないでしょうか。

ただ、全体的な目で見るかぎり、日本社会が受け入れつつあるのは現実のことであると思います。

これは、「西暦《せいれき》二〇一三年」という現時点での発言ですが、すでに一九九一年の段階で、「フィナンシャル・タイムズ」という英字紙が、幸福の科学の特集を組み、私にインタビューをしたときに、「日本の国が新しい神に跪《ひざまず》きつつある」というようなことを書いていました。

英字紙が、「日本社会が、これを事実上受け入れた」という結論に達していたのが九一年の段階です。それから、さらに二十二年がたっているので、ある意味での、さまざまな角度からの社会的なチェックや〝禊《みそぎ》〟は、だいたい終わっているのではないかと思います。

もちろん、会社であっても、人数が多くなると、不祥事《ふしょうじ》が出たり、組織運営上の不手際《ふてぎわ》が出たりと、いろいろな事件を起こす人が出てきます。そのため、今後も、そうしたものの危険性が続くことはあるでしょうが、それは、組織の洗練以外に方法はないであろうと思います。

FINANCIAL TIMES WEEKEND DECEMBER 7/DECEMBER 8 1991

PERSPECTIVES

Japan bows to a new god

Robert Thomson meets Ryuho Okawa, self-styled prophet, seer and leader of the 2m-strong 'Happy Science' cult of spirituality, destiny — and money

Ryuho Okawa: on the Happy path to a new religion

'The movement's wealth has been a distraction from the happiness message'

As They Say in Europe

Nervous neighbours

Cast in

1991年12月7日付「フィナンシャル・タイムズ」。11月30日、幸福の科学総合本部（紀尾井町《きおいちょう》ビル）にて、同紙記者のインタビューに答えたもの。「日本の国が新しい神に跪《ひざまず》きつつある」と題する記事のなかでは、幸福の科学の教義や、現代社会の問題、さらに、国際戦略や未来展望等、幅広《はばひろ》いテーマに及《およ》ぶ内容に触《ふ》れている。

英紙記者によるインタビュー内容は、渡部昇一《わたなべしょういち》氏との対談等が収録された『フランクリー・スピーキング』（幸福の科学出版刊）に全文掲載《けいさい》。

無神論・唯物論者《ゆいぶつろんしゃ》でも幸福の科学の存在は否定できない

宗教は、「教祖」と「教義」、それから、「儀式《ぎしき》」「組織」と、その組織の「活動形態」等で、だいたいの全体像が決まってくるわけですが、全体を通して、幸福の科学を宗教学者的に分析するならば、次のようになります。

「大川総裁から発せられている基本理念が、末端《まったん》に至るまで、いちおうは浸《しん》透《とう》しており、外部にいるシンパ層等にも好意的に受け入れられている面がある。また、霊界《れいかい》を信じていない人たちや、どちらかといえば、宗教に対してアンチである人たちにとっても、一定の『社会的勢力』または『社会的運動』として認めざるをえない存在になっている」

例えば、「あの病院は嫌《きら》い」「この病院は好き」といった好き嫌いが、世の中には存在するとしても、それとは別に、病院という存在自体を否定することはなかなかできません。

あるいは、「この学校は、いじめが多いから駄目《だめ》な学校だが、こちらの学校はよい学校だ」といったものもあるかもしれませんが、教育システムとしての学校自体を否定することはできません。

そういうものに対する受け入れ方と同じで、無神論・唯物論者《ゆいぶつろんしゃ》、あるいは、他宗教の人たちや、他宗教で被害《ひがい》を受けた人たちであっても、現在、「一定の社会的勢力としての幸福の科学」という存在そのものは受け止めざるをえない状況《じょうきょう》に来ているのではないでしょうか。

国連的立場であらゆる宗教に判断を下している

幸福の科学は、その教義に関し、最初のころ、「宗教の百貨店だ」という言い方をされたこともあります。ただ、「世界のあらゆる宗教がここで学べる」という点では、まことに便利であると言えば便利です。それを軽蔑《けいべつ》的に言われることも多くありますが、「東京に来れば、世界中の食が楽しめる」というような言い方と似たようなものなのかもしれません。

当会が世界のあらゆる宗教について研究していることは事実ですが、そのなかで、デタラメにいろいろなものを入れているわけでは決してありません。世界にはさまざまな宗教がありますが、そのなかで、「本当に神仏から流れ出したものは、いったい何であるのか」というところを選別し、そして、「自分たちの仲間の活動である」と認定したものについては正当性を与《あた》え、間違《まちが》っていると思うものについては「間違っている」という判断を下しているわけです。

これは、ある意味で、国連など、世界的な機関が判定を下しているようなことにも似た面があるのではないかと、私は考えています。

政治・教育にも活動展開している幸福の科学

今、幸福の科学が立っている地平としては、新たに、政治活動も開始しています。

まだ十分な成果はあげていませんが、その活動としては、ここ数年、世論《せろん》やマスコミに対する、一定の影響《えいきょう》を与えるところまで続いていると言えます。

これは、実は、ジャーナリスティックな発言とも連動しているものであって、現在進行形で起きている事態について、宗教の目、あるいは、神仏の目から見て、「それは正しいのか、正しくないのか」という観点を現代人に教えるという意味での啓蒙《けいもう》活動になっているのです。

また、教育事業においても、幸福の科学学園中学校・高等学校の那須《なす》本校（栃木《とちぎ》県那須町）と関西校（滋賀《しが》県大津《おおつ》市）の二校を開き、ここで教育の実験を行っています。

その前にも、寺子屋《てらこや》方式ではありますが、全国各地で、信者子弟《してい》に対する信《しん》仰《こう》教育、および、彼らの勉強の補習も多少含《ふく》めたかたちで、教育活動を支援《しえん》する経験を十年ぐらい積んでいたため、「教育にも一定の親和性がある宗教だ」

ということころは出ているでしょう。

そして、教育活動としては、今、ある程度の成功を収めつつあります。

その流れのなかで、中高一貫校《いっかんこう》を、那須本校および関西校とつくっているのです。那須本校は、二〇一〇年開校でしたので、中学校から入学した第一期生は、二〇一六年には大学進学の年を迎《むか》えることになります。

幸福の科学大学も、もともとは、この二〇一六年に彼らを受け入れられるような予定で開学しようと計画していました。しかし、幸福の科学学園の中学・高等学校に入れなかった信者子弟も数多くおり、彼らから、「大学であれば、実家から離《はな》れて、全国から入学することができるので、大学の開学を急いでほしい」という声もあるため、努力して一年早めることになったわけです。

そして、今、二〇一五年に、幸福の科学大学を千葉県に開学できるよう、全体の準備を進めているところです。

このように、宗教としての本道《ほんどう》の活動を続けつつ、これ以外にも、親和性のあるものとして、政治活動や教育活動、その他、さまざまな社会に対するチャリティー活動等を、いろいろなかたちで展開しているのです。

8　資本主義、民主主義を肯定《こうてい》する発展型宗教

世界宗教の基底に流れる「普遍性《ふへんせい》」のある教え

幸福の科学の教義を宗教学的に見るかぎり、そのなかには、おそらく、世界の大宗教になったものと同じような「普遍性《ふへんせい》」が流れています。

個々の霊言《れいげん》そのものを見るかぎりでは、多少、分からない面もあることは事実ですが、全体的には、世界の大宗教の基底に流れているものと同じような「理念」や、「普遍性」のある教えが流れていると言えるでしょう。

その「普遍性のある教え」とは、「愛・知・反省・発展」の四正道《よんしょうどう》で代表されるような「幸福の原理」です。

こうしたものは、世界の宗教にも普遍的に流れているものでしょうし、当会において、「正しき心の探究《たんきゅう》」という名で称《しょう》される、「悟《さと》りへの探究」も、東洋の宗教として、十分に認定されるものだろうと思います。

教えのなかに「資本主義的精神」が導入されている

また、宗教においては、清貧《せいひん》の思想的なるものが、非常に流行《はや》る傾向《けいこう》があるなか、やはり、現代宗教としての使命を全うすべく、経済的にも、あるいは経営的にも成功していく人たちを数多く出そうとしています。

そして、「この世で信仰《しんこう》を持った人たちが豊かになり、繁栄《はんえい》することが、世界を救っていくことになり、世界の財政赤字や貧困をなくしていく活動になるのだ」という考えの下《もと》に、経済の原理や経営の原理にまで踏《ふ》み込《こ》んで教えを説いているところは、実にチャレンジングであります。

これは、キリスト教で言えば、カトリックの宗教が、長らく金銭《きんせん》に対する罪悪感を押《お》しつけてきたのに対して、新教であるプロテスタントにおいては、カルバン以下の活動にあっても、マックス・ウェーバーが言うような、プロテスタント的な倫理《りんり》、つまり、「この世的に成功したということは神に祝福されているのだ。自分が祝福を予定された人間だと確認するためには、この世的にも事業的にも成功してみせることが大事だ。これが、神の栄光を、この世、地上にもたらす行為《こうい》なのだ」という考えによって資本主義が肯定《こうてい》され、それを受け入れた欧米諸国《おうべい》が、その後、経済的にも政治的にも発展したという流れがありました。

そうしたことを見るかぎり、幸福の科学は、教えのなかに資本主義的な経済原理を導入し、原始仏教や原始キリスト教のなかで考え方として薄《うす》かった「貨《か》幣《へい》経済に対する親和性の部分」の〝軛《くびき》〟を切り、解き放ち、それでも、「個人としての心の透明度《とうめいど》や悟りを求めつつ、この世的にも一定の繁栄を求めるということの可能性」を求めているわけです。

これが、実験的に成功するかどうかは、一定の時間が証明することになるでしょう。

宗教の裾野《すその》を広げるべく、教育活動、政治活動、その他の出版活動等の啓蒙《けいもう》活動を、長く、広く続けていくためには、「資本主義的な精神を、その内に取り入れる」ということが大事なのではないかと思います。

「民主主義の下《もと》の繁栄《はんえい》」を受け入れた政治思想を持っている

ちなみに、当会の政治活動についても、一言、付け加えるとすると、教団初期の九一年に、マスコミからのバッシングがあった当時は、けっこう、「軍国主義的右翼《うよく》主義で、侵略《しんりゃく》的な考え方を持っているのではないか」と警戒《けいかい》された面もあったと思われます。

しかし、その後の流れを見るかぎり、幸福の科学が出している政治思想は、基本的に、民主主義を肯定しています。「民主主義の流れの下《もと》に繁栄《はんえい》主義がある」という松下幸之助《まつしたこうのすけ》的な考え方を、一本入れています。

基本的に民主主義という政体を採用し、「民主主義の下には宗教が繁栄する」というような、マックス・ウェーバー的な考え方も取り入れているわけです。民主主義は、多元的な価値観を容認しなければ成り立たない考え方ですので、「民主主義の下には宗教が繁栄する」ということは、それを受け入れているということです。

要するに、「欧米近代型社会の形態を受け入れた上で、幸福の科学という宗教を『啓蒙《けいもう》宗教』として広げていこうとしている。これを日本の発展原理として確立することができれば、さらにアジアやアフリカ等の諸外国にまで及《およ》ぼし、他の国々の今後の指導原理にもしていけるのではないか。これが、大川総裁の基本的な考え方だろう」と分析《ぶんせき》されるでしょう。

9　世界宗教・幸福の科学の可能性

智慧《ちえ》の立場から意見を発信しつつ、世界宗教の道を目指したい

そういう意味で、幸福の科学は、今、宗教界のなかで、「戦後の雄《ゆう》」とも言うべき存在ではありますが、今後の大きな課題としては、「この多角的な経営を続けている宗教団体が、それぞれのなかで活動を拡大しつつ、整合性を持って、トータルで大きな布教《ふきょう》活動等をなしていくことができるか」「多様な活動をしたために、それぞれが空中分解するようなかたちで、統一性が取れなくな

っていくのか」「巨大《きょだい》になった組織が、二代目三代目以降で運営不可能になり、分裂《ぶんれつ》していくのか」というようなことが考えられます。

こういった危機に、どういう処方箋《しょほうせん》を出して対応していけるのかというところが、今後の智慧《ちえ》の出しどころでしょうし、これに対しては、「人材の養成」と「組織運営の確立」、および、「信仰《しんこう》形態の確立」が非常に大事なのではないかと思います。

ただ、私が「大川主宰《しゅさい》」として立った教団最初のときから、「今後、五十年間は法を説く」（一九八六年十一月二十三日「幸福の科学発足《ほっそく》にあたって」）と言い、五十年間で、この教団の教義および活動形態を固める方針で、世界にまで広げることを宣言していますので、そういうかたちになるとは思います。

また、基本的には、「三千年のちまで遺《のこ》る宗教としてつくりたい」という考えを志《こころざし》として持っているので、その方向で、今後の教団の発展形態もつくられていくのではないかと、前向きに考えている次第《しだい》です。

そういう意味で、「新しい法がどんどん説かれていくものの、そのなかに一本、世界宗教になるべき大きな太い河《かわ》が流れている。その流れの途中《とちゅう》に生じてくるさまざまな事件に対して、善悪、また、智慧の立場としての意見を発信しつつ、世の中を変えていきながら、世界宗教への道を目指していく」というのが、宗教学から見た「幸福の科学」の分析《ぶんせき》になると思います。

以上、概観《がいかん》ですが、さまざまなことを述べました。

国際的にも十分な救済力を持つ幸福の科学の教え

また、個別の論として、例えば、イチローの守護霊《しゅごれい》の霊言《れいげん》が出たり、AKBのプロデューサーの守護霊の霊言が出たりと、「これはどうなんだ」というような問題は、まだまだたくさんあるかと思いますが、全体として見れば、そういう動きをしているように見えます。ただ、現時点で、幸福の科学に強力な競争を仕掛《しか》けられるような宗教は、今のところ、日本には見当たりませんし、世界にも見当たらないということが言えます。

今回、語り落としたところがあるとすれば、「国際性」のところにも、そういう力を入れているという点でしょうか。

英語教育から始まり、世界の二十六言語に翻訳《ほんやく》された本が数多く出ていて、世界各地で伝道活動が行われていますが、これが、今後、どのような実りを生んでいくかということが、大きな課題かと思います。

日本発の宗教は、ハワイやブラジルあたりまで広げることはできても、全世界にまで広げるのはなかなか困難なことがあります。なぜなら、それは、旧《ふる》い教えであることが多いからです。オリジナルの経典《きょうてん》が旧いために、それを現代に広げることは難しいのです。

一方で、幸福の科学の教えは、「現代的な言葉」で語られているので、各国語に訳されて広げていったとしても、十分な救済力を持つものになるのではないかと考えています。

そういう意味で、今後、ますますの前進があることを祈念《きねん》して、「宗教学から観《み》た『幸福の科学』学・入門」を終《お》えたいと思います。

あとがき

本書では、開祖自らが、「幸福の科学」学の説明に挑戦したわけだが、「入門」としただけあって、まだまだ序の口である。開祖自身のプロフィールも各書に分散しているし、基本教義も十分に説明し尽くされていない。

また社会啓蒙活動や時事性のある言論についての分析、信仰形態や儀式の大系も十分に述べられていないし、国際伝道をからめての英語学や、そもそもの教育学も説き切れてはいない。

宗教学者からは、「『入門』などと言ってないで、十巻でも二十巻でも『幸福の科学』学をまとめろ。」という声が聞こえてきそうである。少しずつ努力は積み重ねていくつもりである。小文を書いている午前中だけでも、本の原稿校正を二冊同時にやっているぐらいなので、休みなき戦いは続いている、と言うしかない。

二〇一三年　十月二十二日

幸福《こうふく》の科学《かがく》グループ創始者兼総裁《そうししゃけんそうさい》
幸福《こうふく》の科学大学創立者《かがくだいがくそうりつしゃ》　大川隆法《おおかわりゅうほう》

『宗教学から観た「幸福の科学」学・入門』大川隆法著作関連書籍

『フランクリー・スピーキング』（幸福の科学出版刊）
『宗教立国の精神』（同右）
『天才打者イチロー　4000本ヒットの秘密』（同右）
『AKB48 ヒットの秘密』（同右）

『大川隆法霊言全集　第1巻　日持の霊言／日蓮の霊言』（宗教法人幸福の科学刊）
『大川隆法霊言全集　第2巻　日蓮の霊言』（同右）
※左記は書店では取り扱っておりません。最寄りの精舎・支部・拠点までお問い合わせください。

宗教学《しゅうきょうがく》から観《み》た「幸福《こうふく》の科学《かがく》」学《がく》・入門《にゅうもん》
──立宗27年目の未来型宗教を分析する──

2013年11月5日　初版第1刷

著　者　　大《おお》川《かわ》隆《りゅう》法《ほう》

発行所　　幸福の科学出版株式会社
〒107-0052 東京都港区赤坂2丁目10番14号
TEL(03)5573-7700
http://www.irhpress.co.jp/

印刷・製本　株式会社 堀内印刷所

落丁・乱丁本はおとりかえいたします

ISBN978-4-86395-406-9 C0014

大川隆法ベストセラーズ・「幸福の科学大学」が目指すもの

新しき大学の理念

「幸福の科学大学」がめざす ニュー・フロンティア

2015年、開学予定の「幸福の科学大学」。日本の大学教育に新風を吹き込む「新時代の教育理念」とは? 創立者・大川隆法が、そのビジョンを語る。

1,400円

「経営成功学」とは何か

百戦百勝の新しい経営学

経営者を育てない日本の経営学!? アメリカをダメにしたMBA!? 幸福の科学大学「経営成功学」に託された経営哲学のニュー・フロンティアとは。

1,500円

「人間幸福学」とは何か

人類の幸福を探究する新学問

「人間の幸福」という観点から、あらゆる学問を再検証し、再構築する——。数千年の未来に向けて開かれていく学問の源流がここにある。

1,500円

※表示価格は本体価格(税別)です。

大川隆法ベストセラーズ・理想の教育を目指して

教育の法

信仰と実学の間で

深刻ないじめ問題の実態と解決法や、尊敬される教師の条件、親が信頼できる学校のあり方など、教育を再生させる方法が示される。

1,800円

教育の使命

世界をリードする人材の輩出を

わかりやすい切り口で、幸福の科学の教育思想が語られた一書。イジメ問題や、教育荒廃に対する最終的な答えが、ここにある。

1,800円

幸福の科学学園の未来型教育

「徳ある英才」の輩出を目指して

幸福の科学学園の大きな志と、素晴らしい実績について、創立者が校長たちと語りあった——。未来型教育の理想がここにある。

1,400円

大川隆法 ベストセラーズ・「大川隆法」の魅力を探る

大川総裁の読書力

知的自己実現メソッド

区立図書館レベルの蔵書、時速2000ページを超える読書スピード――。1300冊を超える著作を生み出した驚異の知的生活とは。

- **知的自己実現のために**
- **初公開！ 私の蔵書論**
- **実践・知的読書術**
- **私の知的生産法** ほか

1,400円

素顔の大川隆法

素朴な疑問からドキッとするテーマまで、女性編集長3人の質問に気さくに答えた、101分公開ロングインタビュー。大注目の宗教家が、その本音を明かす。

- **初公開！ 霊言の気になる疑問に答える**
- **聴いた人を虜にする説法の秘密**
- **すごい仕事量でも暇に見える「超絶仕事術」**
- **美的センスの磨き方** ほか

1,300円

※表示価格は本体価格(税別)です。

大川隆法 霊言シリーズ・**最新刊**

公開霊言
スティーブ・ジョブズ
衝撃の復活

英語霊言
日本語訳付き

世界を変えたければ、シンプルであれ。そしてクレージーであれ。その創造性によって世界を変えたジョブズ氏が、霊界からスペシャル・メッセージ。

2,700円

潘《パン》基《キ》文《ムン》国連事務総長の
守護霊インタビュー

英語霊言
日本語訳付き

「私が考えているのは、韓国の利益だけだ。次は、韓国の大統領になる」──。国連トップ・潘氏守護霊が明かす、その驚くべき本心とは。

1,400円

吉田松陰は
安倍政権をどう見ているか

靖国参拝の見送り、消費税の増税決定──めざすはポピュリズムによる長期政権? 安倍総理よ、志や信念がなければ、国難は乗り越えられない!
【幸福実現党刊】

1,400円

※表示価格は本体価格(税別)です。

大川隆法ベストセラーズ・希望の未来を切り拓く

未来の法

新たなる地球世紀へ

暗い世相に負けるな！ 悲観的な自己像に縛られるな！ 心に眠る無限のパワーに目覚めよ！ 人類の未来を拓く鍵は、一人ひとりの心のなかにある。

2,000円

Power to the Future

未来に力を

英語説法集
日本語訳付き

予断を許さない日本の国防危機。混迷を極める世界情勢の行方――。ワールド・ティーチャーが英語で語った、この国と世界の進むべき道とは。

1,400円

されど光はここにある

天災と人災を超えて

被災地・東北で説かれた説法を収録。東日本大震災が日本に遺した教訓とは。悲劇を乗り越え、希望の未来を創りだす方法が綴られる。

1,600円

幸福の科学大学の魅力

1 夢にチャレンジする大学

今世《こんぜ》の「使命」と「志《こころざし》」の発見をサポートし、学生自身の
個性や強みに基づいた人生計画の設計と実現への
道筋を明確に描きます。

2 真の教養を身につける大学

仏法真理を徹底的に学びつつ心の修行を重ね、
魂の器《うつわ》を広げます。仏法真理を土台に、
正しい価値判断ができる真の教養人を目指します。

3 実戦力を鍛える大学

実戦《じっせん》レベルまで専門知識を高め、第一線で活躍する
リーダーと交流を持つことによって、現場感覚や
実戦力を鍛《きた》え、成果を伴《ともな》う学問を究《きわ》めます。

4 世界をひとつにする大学

自分の意見や考えを英語で伝える発信力を身につけ、
宗教や文化の違いを越えて、人々を魂レベルで
感化《かんか》できるグローバル・リーダーを育てます。

5 未来を創造する大学

未来社会や未来産業の姿を描き、そこから実現に必要な
新発見・新発明を導き出します。過去の思想や学問を
総決算し、新文明の創造を目指します。

校舎棟の正面

学生寮

大学完成イメージ

Noblesse《ノーブレス》 Oblige《オブリージ》

「高貴なる義務」を果たす、
「真のエリート」を目指せ。

幸福の科学学園
中学校・高等学校（那須本校）

Happy Science Academy Junior and Senior High School

「私は、
教育が人間を創ると
信じている一人である。
若い人たちに、
夢とロマンと、精進、
勇気の大切さを伝えたい。
この国を、全世界を、
ユートピアに変えていく力を
出してもらいたいのだ。」

（幸福の科学学園 創立記念碑より）

幸福の科学学園 創立者
大川隆法

幸福の科学学園（那須本校）は、幸福の科学の教育理念のもとにつくられた、男女共学、全寮制の中学校・高等学校です。自由闊達な校風のもと、「高度な知性」と「徳育」を融合させ、社会に貢献するリーダーの養成を目指しており、2013年4月には開校三周年を迎えました。

Noblesse《ノーブレス》 Oblige《オブリージ》

「高貴なる義務」を果たす、
「真のエリート」を目指せ。

2013年 春 開校

幸福の科学学園
関西中学校・高等学校

Happy Science Academy
Kansai Junior and Senior High School

私は日本に
真のエリート校を創り、
世界の模範としたい
という気概に満ちている。
『幸福の科学学園』は、
私の『希望』であり、
『宝』でもある。
世界を変えていく、
多才かつ多彩な人材が、
今後、数限りなく
輩出されていくことだろう。

（幸福の科学学園関西校 創立記念碑より）

幸福の科学学園 創立者
大川隆法

滋賀県大津市、美しい琵琶湖の西岸に建つ幸福の科学学園（関西校）は、男女共学、通学も入寮も可能な中学校・高等学校です。発展・繁栄を校風とし、宗教教育や企業家教育を通して、学力と企業家精神、徳力を備えた、未来の世界に責任を持つ「世界のリーダー」を輩出することを目指しています。

幸福の科学学園・教育の特色

「徳ある英才」の創造

教科「宗教」で真理を学び、行事や部活動、寮を含めた学校生活全体で実修して、ノーブレス・オブリージ（高貴なる義務）を果たす「徳ある英才」を育てていきます。

体育祭

天分を伸ばす「創造性教育」

教科「探究創造」で、偉人学習に力を入れると共に、日本文化や国際コミュニケーションなどの教養教育を施すことで、各自が自分の使命・理想像を発見できるよう導きます。さらに高大連携教育で、知識のみならず、知識の応用能力も磨き、企業家精神も養成します。芸術面にも力を入れます。

探究創造科発表会

一人ひとりの進度に合わせた「きめ細やかな進学指導」

熱意溢れる上質の授業をベースに、一人ひとりの強みと弱みを分析して対策を立てます。強みを伸ばす「特別講習」や、弱点を分かるところまでさかのぼって克服する「補講」や「個別指導」で、第一志望に合格する進学指導を実現します。

授業の様子

自立心と友情を育てる「寮制」

寮は、真なる自立を促し、信じ合える仲間をつくる場です。親元を離れ、団体生活を送ることで、縦・横の関係を学び、力強い自立心と友情、社会性を養います。

毎朝夕のお祈りの時間

幸福の科学学園の進学指導

1 英数先行型授業

受験に大切な英語と数学を特に重視。「わかる」（解法理解）まで教え、「できる」（解法応用）、「点がとれる」（スピード訓練）まで繰り返し演習しながら、高校三年間の内容を高校二年までにマスター。高校二年からの文理別科目も余裕で仕上げられる効率的学習設計です。

2 習熟度別授業

英語・数学は、中学一年から習熟度別クラス編成による授業を実施。生徒のレベルに応じてきめ細やかに指導します。各教科ごとに作成された学習計画と、合格までのロードマップに基づいて、大学受験に向けた学力強化を図ります。

3 基礎力強化の補講と個別指導

基礎レベルの強化が必要な生徒には、放課後や夕食後の時間に、英数中心の補講を実施。特に数学においては、授業の中で行われる確認テストで合格に満たない場合は、できるまで徹底した補講を行います。さらに、カフェテリアなどでの質疑対応の形で個別指導も行います。

4 特別講習

夏期・冬期の休業中には、中学一年から高校二年まで、特別講習を実施。中学生は国・数・英の三教科を中心に、高校一年からは五教科でそれぞれ実力別に分けた講座を開講し、実力養成を図ります。高校二年からは、春期講習会も実施し、大学受験に向けて、より強化します。

5 幸福の科学大学(仮称・設置認可申請予定)への進学

二〇一五年四月開学予定の幸福の科学大学への進学を目指す生徒を対象に、推薦制度を設ける予定です。留学用英語や専門基礎の先取りなど、社会で役立つ学問の基礎を指導します。

授業の様子

詳しい内容、パンフレット、募集要項のお申し込みは下記まで。

幸福の科学学園 関西中学校・高等学校

〒520-0248
滋賀県大津市仰木の里東2-16-1
TEL.077-573-7774
FAX.077-573-7775
[公式サイト]
www.kansai.happy-science.ac.jp
[お問い合わせ]
info-kansai@happy-science.ac.jp

幸福の科学学園 中学校・高等学校

〒329-3434
栃木県那須郡那須町梁瀬 487-1
TEL.0287-75-7777
FAX.0287-75-7779
[公式サイト]
www.happy-science.ac.jp
[お問い合わせ]
info-js@happy-science.ac.jp

仏法真理塾

サクセスNo.1

未来の菩薩を育て、仏国土ユートピアを目指す！

仏法真理塾「サクセスNo.1」とは

宗教法人幸福の科学による信仰教育の機関です。信仰教育・徳育にウエイトを置きつつ、将来、社会人として活躍するための学力養成にも力を注いでいます。

サクセスNo.1 東京本校（戸越精舎内）

「サクセスNo.1」のねらいには、「仏法真理と子どもの教育面での成長とを一体化させる」ということが根本にあるのです。

大川隆法総裁　御法話『サクセスNo.1』の精神」より

仏法真理塾「サクセスNo.1」の教育について

信仰教育が育む健全な心

御法話拝聴や祈願、経典の学習会などを通して、仏の子としての「正しい心」を学びます。

学業修行で学力を伸ばす

忍耐力や集中力、克己心を磨き、努力によって道を拓く喜びを体得します。

法友との交流で友情を築く

塾生同士の交流も活発です。お互いに信仰の価値観を共有するなかで、深い友情が育まれます。

●サクセスNo.1は全国に、本校・拠点・支部校を展開しています。

東京本校	TEL.03-5750-0747	FAX.03-5750-0737
名古屋本校	TEL.052-930-6389	FAX.052-930-6390
大阪本校	TEL.06-6271-7787	FAX.06-6271-7831
京滋本校	TEL.075-694-1777	FAX.075-661-8864
神戸本校	TEL.078-381-6227	FAX.078-381-6228
西東京本校	TEL.042-643-0722	FAX.042-643-0723
札幌本校	TEL.011-768-7734	FAX.011-768-7738
福岡本校	TEL.092-732-7200	FAX.092-732-7110
宇都宮本校	TEL.028-611-4780	FAX.028-611-4781
高松本校	TEL.087-811-2775	FAX.087-821-9177
沖縄本校	TEL.098-917-0472	FAX.098-917-0473
広島拠点	TEL.090-4913-7771	FAX.082-533-7733
岡山拠点	TEL.086-207-2070	FAX.086-207-2033
北陸拠点	TEL.080-3460-3754	FAX.076-464-1341
大宮拠点	TEL.048-778-9047	FAX.048-778-9047

全国支部校のお問い合わせは、
サクセスNo.1 東京本校（TEL. 03-5750-0747）まで。

メール info@success.irh.jp

エンゼルプランV

信仰教育をベースに、知育や創造活動も行っています。

信仰に基づいて、幼児の心を豊かに育む情操教育を行っています。また、知育や創造活動を通して、ひとりひとりの子どもの個性を大切に伸ばします。お母さんたちの心の交流の場ともなっています。

TEL 03-5750-0757　FAX 03-5750-0767
メール angel-plan-v@kofuku-no-kagaku.or.jp

ネバー・マインド

不登校の子どもたちを支援するスクール。

「ネバー・マインド」とは、幸福の科学グループの不登校児支援スクールです。「信仰教育」と「学業支援」「体力増強」を柱に、合宿をはじめとするさまざまなプログラムで、再登校へのチャレンジと、進路先の受験対策指導、生活リズムの改善、心の通う仲間づくりを応援します。

TEL 03-5750-1741　FAX 03-5750-0734
メール nevermind@happy-science.org

ユー・アー・エンゼル!(あなたは天使!)運動

障害児の不安や悩みに取り組み、ご両親を励まし、勇気づける、障害児支援のボランティア運動です。学生や経験豊富なボランティアを中心に、全国各地で、障害児向けの信仰教育を行っています。保護者向けには、交流会や、医療者・特別支援教育者による勉強会、メール相談を行っています。

TEL 03-5750-1741　FAX 03-5750-0734
メール you-are-angel@happy-science.org

シニア・プラン21

生涯反省で人生を再生・新生し、希望に満ちた生涯現役人生を生きる仏法真理道場です。週1回、開催される研修には、年齢を問わず、多くの方が参加しています。現在、全国8カ所（東京、名古屋、大阪、福岡、新潟、仙台、札幌、千葉）で開校中です。

東京校 TEL 03-6384-0778　FAX 03-6384-0779
メール senior-plan@kofuku-no-kagaku.or.jp